みんな
これからの建築を
つくろう

序文　伊東豊雄

大学の建築学科を卒業した私は、大学院へも行かずに菊竹清訓氏のオフィスで働き始めた。東京オリンピックの開かれた翌1965年の春である。菊竹氏は当時34歳、スカイハウス、出雲大社庁舎、京都国際会議場設計競技応募案などで彗星の如く登場し、若き天才と言われた建築家で、私は氏の下で働いてみたいと考えたからである。

当時はただ憧れの存在であったのだが、今振り返ると、この人から私は設計の真髄とも言うべき何かを教わったように思う。設計は論理でなく身体全体に関わる行為であると言ってはみるものの、真髄とは何かを伝えることは容易ではない。

ひとつの設計に着手する時、私はこんなイメージかなあと、とりあえず思いつくままに絵を描き始める。プランから始まることもあるし、全体の漠とした形態から始まることもある。いずれにせよ手を動かしていると、手は身体の奥底に沈潜していたさまざまな記憶を蘇らせてくれる。断片的な記憶によって当初のスケッチは少しずつ別のイメージへと移行していく。この作業をくり返しているうちに、次第に確かなものが見えてくるように感じるのである。この作業は意識の部分と関わっているようでありながら、身体のすべてと関わってもいるように思う。こうした方法を私は菊竹清訓氏から教えられたと確信しているのだ。

自分のアトリエを開いた1971年頃、日本の社会は急激に変わった。EXPO'70、大阪万国博覧会を最後に明るい未来への構図は崩壊した。オイルショックとともに日本の社会は閉塞し始め、アトリエを創ったとはいっても仕事はないに等しかった。

見るに見かねて依頼してくれた兄弟の住宅を設計しながら、朝から演歌を聞いていた。「十五、十六、十七と私の人生暗かった……」と唄う藤圭子のダミ声が時代の空気を象徴していた。夜になるとそうした空気を共有する若い建築家仲間が集まって酒と建築談義に明け暮れる日々であった。

1968年に創刊された雑誌「都市住宅」は、そんな我々の想いに応えてくれるメディアであった。毎月特集される、上の世代、或いは同世代の住宅を見ながら共感しつつも嫉妬の感情を否定できなかった。

独立後最初の作品「アルミの家」がこの雑誌で特集された時、ようやく同世代の仲間入りが出来たように感じていた。

「中野本町の家（White U）」が完成したのは1976年、36歳の時である。今想うとこんな思い切った住空間は最早考えられないような気がする。外側に対してほとんど開口

のない壁をつくったり、2枚の曲面壁だけでチューブ状の空間をつくってしまう大胆さに我ながら驚かされる。経験や分別は若々しい強さを失わせるものだ。

しかし連続する流動的な空間はその後の設計に於ける身体性を目覚めさせた。私の建築の特質は「空間の流動性」にあると言われる。「流れと渦」という空間のイメージは、その後の作品にくり返し現れる。

'80年代に入って日本の社会は、バブル経済の活況を呈しつつあったが、相変わらず仕事はなかった。そこで「Dom-ino」と銘打って篠原一男譲りの空間至上主義から逸脱しようと試みた。即ち鉄骨フレームのみのヴォリュームを呈示して、あとは住まい手の希望に従って設計しようという提案だったが、実現したのは一軒のみであった。

しかしそうした思想を継承したのが1984年に完成した自邸「シルバーハット」である。「White U」に隣接していながら対照的な趣きを呈しているのは、こうした設計思想の変化を反映しているからである。

'80年代半ば、バブル経済は最盛期を迎え、土地の高騰に比較して建築の価値は風に舞う紙切れに過ぎなかった。建てては壊し、建てては壊す……、建築の「仮設性」が色濃く表現されたのがこの時代の作品である。「シルバーハット」もそうだが「レストランバー・ノマド」「横浜風の塔」「東京遊牧少女の包」などのプロジェクトには仮設的な軽さが表現されている。時代の空気を建築に実現したい、と思う気持が強かったからだろう。

国内で初めての公共施設設計の機会を得たのは1988年、47歳の時「八代市立博物館 未来の森ミュージアム」においてである。この年「くまもとアートポリス」事業がスタートし、その最初期のプロジェクトであった。初代コミッショナー磯崎新氏の指名によるものであったが、このような機会に恵まれなかったら生涯公共施設を設計するチャンスはなかったかもしれない。日本のコンペティションでは応募資格として実績が問われるからである。

幸いにして「八代」の設計は地元の人々の大いなる支援を得て無事竣工した。そればかりか八代の二つの公共施設「八代広域消防本部庁舎」「養護老人ホーム八代市立保寿寮」の設計を特命で頂くことになった。熊本の人々の心は実に熱い。その後30年に亘って熊本の人々との交流は切れることなく続き、今もアートポリス3代目のコミッショナーとして県内各地を訪れ、飲み、唄う。

「八代市立博物館」の実績によって'90年代から次第に公共施設のコンペティションに参加出来るようになった。この時期の勝率は5割を超えていたと思う。佐藤光彦、曽我部昌史、横溝真、柳澤潤、アストリッド・クライン、マーク・ダイサム、福島加津也等、その後活躍しているスタッフ達と建築の議論が最も活発に行われていた時代だったからであろう。

「せんだいメディアテーク」のコンペティションは'90年代コンペティションのハイライトであった。メディアテークという未知の名称からして魅力的であったが、審査員のリストもこれ以上は望めない豪華な顔ぶれであった。実現までの道のりは決して平坦ではなかったが、オープン時の喜びもひとしおであった。とりわけ2001年の午前0時、カウントダウンとともに正面の扉が開き、多くの若い人々が歓声をあげながら館内に足を踏み入れた瞬間の感動は昨日のことのように想い起こされる。この時程建築を創り続けてきて良かった、と感じたことはない。

今世紀に入ってからは海外からのオファーも少しずつ増え、以前に較べれば仕事もやり易くなった。概ね順調な日々であったが、2011年に三陸を襲った地震と津波はこれまで経験したことのない衝撃に見舞われた。被災した街の風景を目の当たりにした時、私は私自身が被災したかのような喪失感を感じた。建築家は一体誰のために、何のために建築をつくってきたのだろう、と自らに問わずにはいられなかった。

しかし自然と共生する美しい三陸の街を、という復興の夢は無残に打ち砕かれ、いま巨大な防潮堤が海と人を隔てている。自然と人間を隔てる巨大な壁は、技術に絶対的信頼をおく近代主義の壁に他ならなかった。

私はいま穏やかな瀬戸内の島に通って自然と人の関係をいかに回復出来るかを考えている。ひたすら高齢化を深めていくこの島で、島の人々と行っている活動はささやかなものであるが、自分のつくろうとしている建築がこの小さな活動とどのように関わりうるのかを考えてみたいと思う。

本書の出版を薦めて下さったのは総合資格代表取締役の岸隆司氏と、長年の友人である広島大学准教授の岡河貢氏、そして編集者の寺松康裕氏であった。御三方に心からの謝意を表したい。

2018年10月19日　伊東豊雄

序文　岡河貢

1971年に「アルミの家」でデビュー以来常に注目される建築をつくり続け、今日に至るまで40年以上にわたり現代建築を牽引し続けている建築家伊東豊雄が、まだ住宅を2つか3つしかつくっていない1970年代後半に知りあうことができました。私が大学院生として所属していた東工大の篠原一男研究室に時折来られて、時には批評家の多木浩二さんを交えて建築のことを話されていました。そんな中私のアイデアコンペ案に興味を示していただき、当時青山にあった伊東さんの事務所に行き、コンペ図面を説明させていただいたことなどもありました。

以来伊東豊雄の建築の展開を見つめ続けながら建築を思考し続けてきました。それは20世紀の後半から21世紀の初頭にかけての西欧近代建築に対する批判的乗り越えを世界中の建築家が試みた時期です。日本においては1960年代から磯崎新は近代のマニエリスムを方法論として、篠原一男は日本の伝統から抽出された幾何学的操作によるフォルマリスムで、原広司は近代の均質空間批判を基に意識的に近代建築批判を展開します。

現在にいたるまで近代建築の乗り越えを問題として現代建築の探求は多くの建築家たちの問題として引き続いていますが、伊東豊雄は小さなローコストの住宅から建築活動を始め、消費社会のなかで商業建築と呼ばれる領域でも建築性の新たな探求を続け、公共建築の領域で作品をつくられるようになっても、それまでの日本の公共建築の限界である硬い閉じられた公共建築の領域をみんなに開かれた公共建築という画期的な公共性の有り様を示してきました。

このようなひとりの建築家の活動に対する関心を超えて、20世紀的な建築を乗り越える21世紀的な建築と建築家の有り様としての伊東豊雄という建築家を認識したのは2011年3月11日に起こった東日本大震災でした。この未曾有の自然災害は科学技術における大災害でもありました。

この災害は自然災害であると同時に、福島第一原子力発電所の冷却装置の停止による原子炉内の核燃料のメルトダウンという核技術におけるカタストロフィーに見舞われました。

20世紀のテクノロジーの進歩と想定される範囲内のみの技術的リスクだけを防災的根拠とする近代文明の危うさを思いました。そしてその先にある建築について考えることになったのは、未だに解決の糸口の見えない状況がまだ乗り越えることができないまま続いているという現実です。

この未曾有の日本を襲った自然災害に対して建築の領域内での近代建築批判は何ひとつ有効に働けませんでした。

建築の領域の中だけでの近代建築批判の限界を突き抜けて、伊東豊雄は被災地に向かい多くの自然を味方にした復興計画を提案しましたが、すべては否定されブルドーザーとコンクリートの力ずくの技術で自然を打ちのめすような復興となりました。このような科学技術を伊東豊雄はハードな科学技術と呼び、これからの科学技術をソフトな科学技術と呼んでいます。西欧モダニズムが目指すのはハードな科学技術による自然を征服しようとする建築であるとすると、伊東豊雄のいうソフトな科学技術によって自然と交歓する建築はアジアから生まれる21世紀のモダニズムかもしれないと思うようになりました。モダニズム建築とは科学技術による建築であると定義すると、これからの新しいモダニズム建築はソフトな科学技術によるアジアから生まれるモダニズムといえるものかもしれません。

伊東豊雄の初期から現在までの建築的な探求をチューブ、揺らぎ、仮設性、皮膜性、機能場などの言葉で整理すると同時に、それぞれの建築的な探求の時期に書かれ、発表された伊東豊雄のテクストのなかの記述を整理しながら、伊東豊雄の初期から今日までのプロセスを追いながら、さらにその先にあるこれからの建築家のありようと建築の可能性を示しました。多くの人々がこの本によってこれからの21世紀の建築の創造に何らかの役割を果たすことが本書の希望とするところです。

2018年11月18日　岡河貢

みんなこれからの建築をつくろう　目次

序文　伊東豊雄 ⋯⋯⋯⋯⋯⋯⋯⋯⋯⋯⋯⋯⋯⋯⋯⋯⋯ 2
序文　岡河貢 ⋯⋯⋯⋯⋯⋯⋯⋯⋯⋯⋯⋯⋯⋯⋯⋯⋯⋯ 5

序章 ⋯⋯⋯⋯⋯⋯⋯⋯⋯⋯⋯⋯⋯⋯⋯⋯⋯⋯⋯⋯⋯⋯ 8

第1章　これからの建築に向けて ⋯⋯⋯⋯⋯⋯⋯⋯ 9
みんなの家　初期スケッチ⋯⋯12

第2章　伊東豊雄から菊竹清訓と篠原一男と磯崎新への言葉 ⋯⋯ 16
スカイハウス（菊竹清訓／1958）⋯⋯25　白の家（篠原一男／1966）⋯⋯26
未完の家（篠原一男／1970）⋯⋯27　花山の家（篠原一男／1968）⋯⋯28

第3章　チューブからの発進 ⋯⋯⋯⋯⋯⋯⋯⋯⋯⋯ 30
URBOT-001（アルミの家／1971）⋯⋯36
URBOT-002（無用カプセルの家／1971）⋯⋯42
URBOT-003（東京ヴァナキュラリズム／1971）⋯⋯46
弧の余白（「新建築」住宅設計競技／1972）⋯⋯48

第4章　建築のレトリック ⋯⋯⋯⋯⋯⋯⋯⋯⋯⋯⋯ 50
中野本町の家（1976）⋯⋯58　代田の町家（坂本一成／1976）⋯⋯66

第5章　ゆらぎの展開としての空間 ⋯⋯⋯⋯⋯⋯ 68
黒の回帰（1975）⋯⋯70　PMTビル-名古屋（1978）⋯⋯74

第6章　建築性の更新へ向かって建築の形式性からの逃走 ⋯⋯ 80
上和田の家（1976）⋯⋯86　小金井の家（1979）⋯⋯88
笠間の家（1981）⋯⋯92　シルバーハット（1984）⋯⋯102
ピト、トゥム、オマ、ハンナンチェア、バード・ローズ（大橋晃朗）⋯⋯114

第7章　消費社会の中で ⋯⋯⋯⋯⋯⋯⋯⋯⋯⋯⋯ 116
レストランバー・ノマド（1986）⋯⋯122　東京遊牧少女の包（1985）⋯⋯128

**第8章　近代人の建築から現代人の建築への移行過程／
　　　　アンドロイドのためのエスプリヌーボー（新精神）** ⋯⋯ 132
横浜風の塔（1986）⋯⋯142

第9章　公共建築からみんなの中へ［共感装置としての公共建築］ ⋯⋯ 144
八代市立博物館・未来の森ミュージアム（1991）⋯⋯150
せんだいメディアテーク（2000）⋯⋯160

**第10章　20世紀の機能空間から
　　　　 機能場の探求としての21世紀の空間へ** ⋯⋯ 170
台中国家歌劇院（2016）⋯⋯178　みんなの森　ぎふメディアコスモス（2015）⋯⋯190
東京−ベルリン／ベルリン−東京展（2006）⋯⋯198　座・高円寺（2008）⋯⋯202

終章　21世紀アジアの地域に向けた新しい建築（大連講演会） ⋯⋯ 210
みんなの家⋯⋯224　「曲水流思」上海PSA展覧会（2017）⋯⋯228
薬師寺 食堂（内部／2017）⋯⋯232
多摩美術大学図書館（八王子キャンパス／2007）⋯⋯236
台湾大学社会科学部棟（2013）⋯⋯246
バロック・インターナショナルミュージアム・プエブラ（2016）⋯⋯254
今治市伊東豊雄建築ミュージアム（2011）⋯⋯262
大三島のプロジェクト・伊東建築塾⋯⋯272

プロジェクトデータ ⋯⋯⋯⋯⋯⋯⋯⋯⋯⋯⋯⋯⋯ 274

序章

建築家はみんなの中へ──自由な流れのように建築を生きる

2016年11月5日正午、九州、福岡。

伊東豊雄はまるで若者のような軽やかさで、九州大学建築学科の製図室傍の指定された打ち合わせ場所にあらわれた。

1986年と2003年に日本建築学会賞を、2006年RIBA（イギリス王立英国建築家協会）ゴールドメダル、2010年高松宮殿下記念世界文化賞、2013年には建築のノーベル賞と言われている米国のプリッツカー賞を受賞するなど、すでに世界的な巨匠であるのに、まるでデビューして間もない気鋭の青年建築家のような笑顔で待ち受ける人たちと言葉を交わした。

今朝東京から福岡空港に到着して、その日の午後に始まる「瀬戸内海文明圏　これからの建築と新たな地域性創造・研究会」が主催する第2回のシンポジウムの基調講演をする。

次の日は岡山で講演会、その後自身が主催する伊東建築塾のために瀬戸内海のしまなみ海道が通る大三島の伊東豊雄建築ミュージアムに行く。そして次の日仕事場のある東京へむかう。

伊東豊雄は1941年生まれであるから今年で70歳半ばになるはずであるが、その風貌と行動力からは全く年齢がわからない。

伊東豊雄の講演を聞くために、すでに移転が決まり解体工事によって空き地が目立つ九州大学のキャンパスに残る旧工学部大講堂は、500人を超える満員のこれから建築を目指す若者たちの熱気でいっぱいになっている。

伊東豊雄は今回のシンポジウムを主催する「瀬戸内海文明圏これからの建築と新たな地域性創造・研究会」の顧問をしている。

この研究会は瀬戸内海を囲む中国地方、四国地方、近畿地方、九州地方をこれからの建築を追求する場所として位置づけるという視点で新たに捉え直そうというものである。

この地域で実現された第2次世界大戦以降の建築活動に着目すると、1950年代の丹下健三の作品に代表される戦後日本のモダニズム建築、1970年代の磯崎新による九州でのポストモダニズム建築、さらに1990年代の岡山でのアートとしての建築、そして21世紀になって伊東豊雄の大三島にある、建築ミュージアムや伊東建築塾による地域活動など、世界的にみても第2次世界大戦以降21世紀にいたる、建築家たちによる新しい建築の試みの実験場であることを共有する認識にたって、ここから新しい21世紀の文明のさきがけとなる建築を考えて行こうという集まりである。

このシンポジウムで伊東豊雄は「あしたの建築」と題する講演を行う。

| 第1章 | これからの建築に向けて |

瀬戸内海文明圏という思考がめざすもの

1954年、丹下健三は1945年8月6日8時15分に人類初の原子爆弾により壊滅した広島に平和公園を完成させる。敗戦から9年目である。

しかし同じ年アメリカ軍は南太平洋において水爆実験に成功する。水爆は原子爆弾を起爆装置に使うことでより強力な核爆弾としての破壊力をもつことになる。

原子爆弾は20世紀の科学・技術文明の極限的な破壊力の一面を象徴する存在である。

一方20世紀の科学技術と工業化社会はそれまでの人間の生活を一変させるほど大量の生活必需品の生産を可能にし、それに伴い都市に人口が集中し、それに対応して近代的な生活や生産に対応する工場やオフィスビル、近代的な住居が都市に大量に生産され、20世紀を通して人間は物質的な豊かさを獲得した。

大量生産と大量消費を支える大量のエネルギー資源と領土の争奪をめぐって人類は20世紀には世界的な戦争を2度もした。

そして20世紀の戦争は科学技術を戦争のために利用することになる。

つまり大量の殺戮が進歩した科学技術によって可能となった。

その究極の行為が核兵器による戦争である。

広島と長崎では、人類史上初めて科学技術が産み出した核兵器が、現実に大量殺戮と都市破壊に使用された。

20世紀の文明の行き着くひとつの姿が1945年8月6日の広島と長崎で示された。

丹下健三による広島平和記念公園は、日本の戦後復興の向かう方向性である平和国家としての日本を建築によって提示するものであった。

近代建築の理想の実験の世代

日本のモダニズム建築家は第2次世界大戦に日本が向かって行く戦前に建築を学ぶという状況であった。丹下健三に代表される世代の建築家たちである。

この世代にとって第2次世界大戦以前は建築をつくることが全くできなかった。

日本のモダニズム建築の夢を構想することしかできなかった。

しかし敗戦後の日本の復興はこのモダニズム建築家にとっては、モダニズムの夢と理想を実現することが可能になった時代であった。

そしてそれは地方都市の戦後復興と民主主義のシンボルとしての庁舎建築によって実現することになる。

瀬戸内海を囲む中国、四国、九州地域には、丹下健三の「倉吉市庁舎」、「今治市庁舎」、「香川県庁舎」、前川國男の「岡山県庁舎」、その次の世代で1960年代にメタボリストとして活動した、大高正人の「四国坂出人工地盤」、「広島基町住宅」、菊竹清訓の「出雲大社庁の舎」、「東光園」、「萩市庁舎」などの戦後建築の傑作が

つくられた。

ポストモダニズムの時代と呼ばれた1970年代には、磯崎新によって近代建築を乗り越える建築の試みとして「大分医師会館」、「北九州市立美術館」、「北九州市立中央図書館」、「福岡相互銀行本店」などがこの地域の西に位置する北九州でつくられている。

20世紀文明の次のこれからの文明に向かう

戦後復興から、高度経済成長、ポストモダンを経て、アートとしての建築、今やファション建物デザイナーの登場する21世紀に、再び核分裂テクノロジーによってエネルギーが支えられている日本はカタストロフィーに見舞われる。2011年3月11日の東日本大震災によって発生した巨大な津波によって、福島第一原子力発電所の原子炉冷却システムの一部が破損し、原子炉が冷却不能となる。

東京電力は原子炉の爆発を回避するために、原子炉の圧力を下げるために放射性物質を含んだ蒸気を大気中に放出した。

東北地方の海岸に面した街は大津波によって壊滅する。

福島第一原発の事故は自然災害によってもたらされた、現代の高度な科学技術を駆使してつくられた原子力発電所の安全性に対する技術的盲点をつく出来事であった。

この事故のすぐ後に伊東豊雄は東北の被災地に赴いて、被災後の復興に向けてさまざまな提案をしているが、そのすべては壁に阻まれ実現に向けて動くことはなかった。

しかしそのなかで「みんなの家」と名づけられた被災者の仮設住宅群のなかにつくられた仮設住宅集落の共有化された、小さな、ささやかな建築は被災した人びとを励まし勇気づけ、人びとを癒し繋がりの場を提供することになった。

「みんなの家」のスケッチをみたことがある。

初期のスケッチのひとつでは曲線を使った平面の建築形態のエスキスがなされているものがあるが、最終的には最も単純な木架構の建築として、どこにでも見ることができる切妻屋根の家として設計されている。

東北大震災のすぐ後に多くの建築家が東北の被災した町の復興に向けて、多くの建築提案をするために被災地に向かった。

そして被災者に向けて彼らの建築的提案を語った。

これらの建築家たちは、建築の造形表現が被災した人びとに対しては何ひとつ意味を持たないということを、理解していなかったのかもしれない。

それどころか被災地では建築家としての表現が可能であると考えた建築家さえいたのかもしれない。

しかし伊東豊雄はこの被災した人たちを前にして、今何が建築家としてできるのかと

いうことを問うたのではないだろうか。

当たり前のことだが個別に分断されて生活する仮設住宅の中に、共有する場をつくることがなにより必要だということに気づき、考え、実行したのではないだろうか。

そこには建築家の造形表現は必要とされるものではなく、建築家はみんなのなかで、今困窮している人に、建築にできることを考えることであると思ったのではないだろうか。

それから5年後の2016年、九州の熊本で稀に見る大震災が起こる。

熊本は伊東豊雄がコミッショナーとしてアートポリスに参加している縁の深い地域である。

ここで再び伊東豊雄は自然の力が都市を襲う状況に直面することになる。

そこでさらに「明日の建築」に向かって問いかける。

みんなの家 初期スケッチ | 2011
First Sketch: Home-for-All

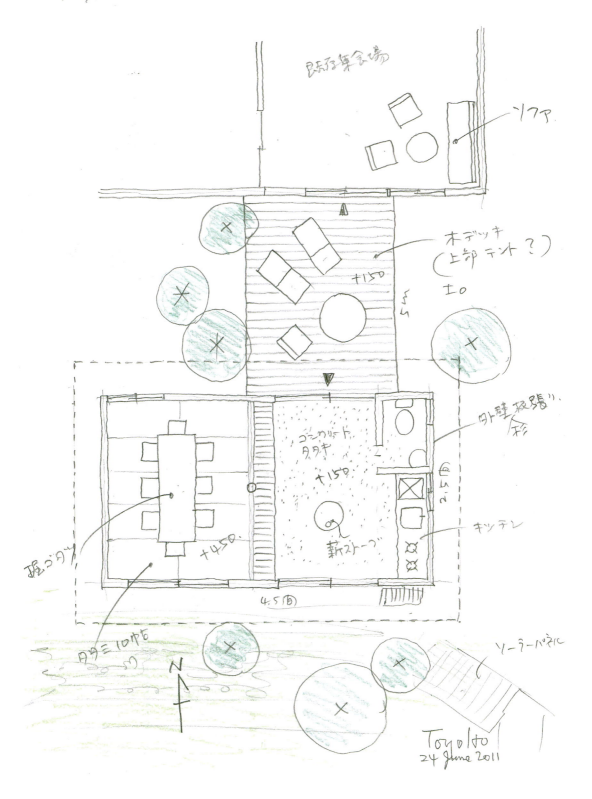

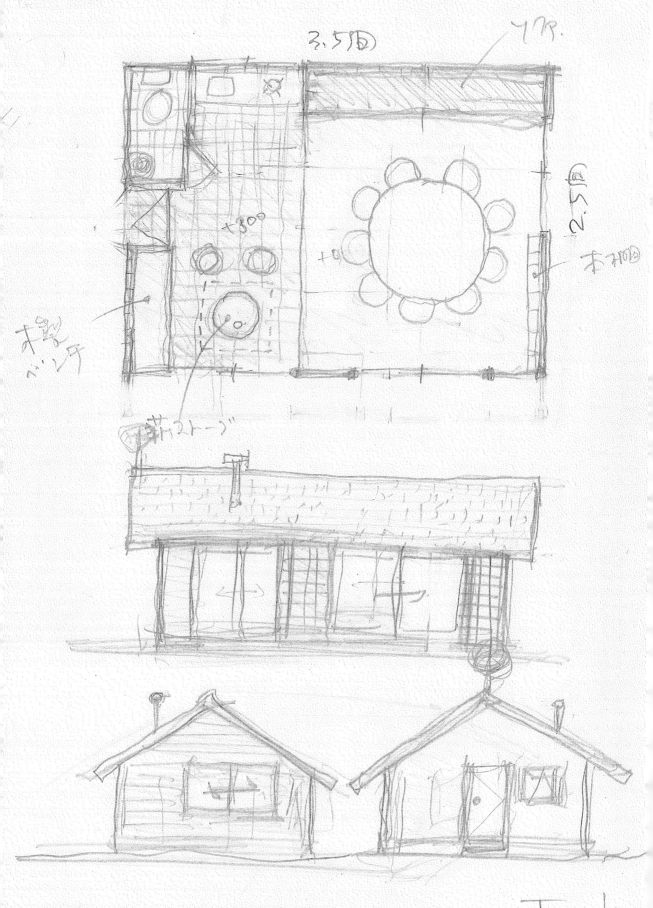

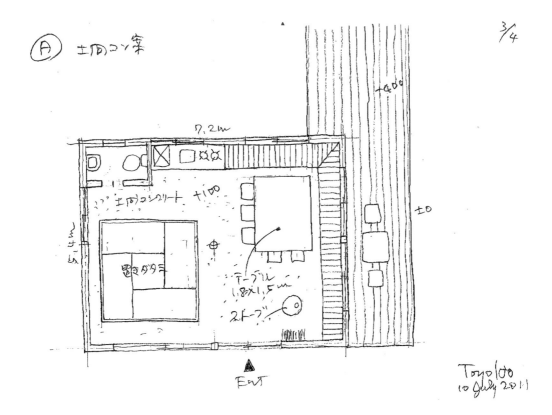
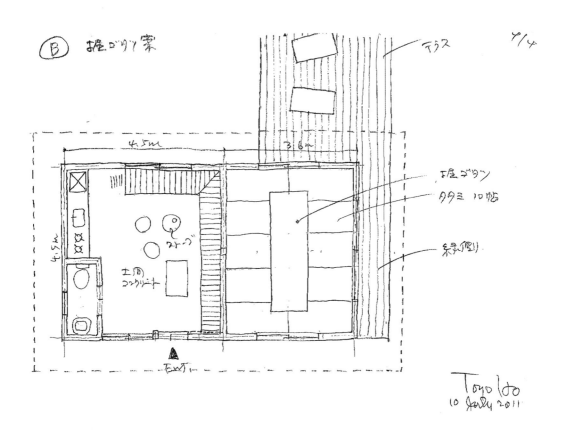

| 第2章 | # 伊東豊雄から菊竹清訓と篠原一男と
磯崎新への言葉 |

伊東豊雄が建築家として活動を開始する直前の学生であった1960年代中頃には、戦後の日本の建築を牽引し続けた丹下健三が、20世紀の傑作である「国立代々木競技場」（1964年）を完成させた。

このときに日本の戦後の建築デザインは極限の高みに登りつめて終わった。

その後の1970年の「大阪万国博覧会」に向けて、日本の高度経済成長を可能とした工業技術を背景にした成長変化する建築を、丹下健三の次世代の建築家たちは「メタボリズム」という言葉で提示しようとしていた。

その中で活躍していた菊竹清訓に伊東豊雄は師事することになる。

大学を卒業後、菊竹清訓の設計事務所のスタッフとして建築設計の世界に入る。

菊竹清訓は丹下健三の次の世代の建築家であるが、1958年に自邸としてつくられた「スカイハウス」は、1950年代の戦後日本のモダニズム建築の中で衝撃的な住宅建築であった。

1950年代の日本における建築の動きのなかでこの住宅は、コンクリートによる日本の伝統建築を引き継ぐものとしても位置付けられるが、傾斜した敷地の上に異常な高さの4本の壁柱によって持ち上げられたコンクリートによる土間のような一室空間の下は、単にピロティとしての空間ではなく、後に子供室が吊り下げられて増築されるという増殖変化することが目指されていた。

後にメタボリズムとして提案される論理を内包していた。

菊竹清訓は、丹下健三のコンクリート建築による日本の伝統表現の継承において肉薄する建築家である。

それと同時に、成長変化する未来の建築の提示においても丹下健三の方法をさらに推し進めて、戦後の大衆のエネルギーとして表現する次世代の建築家として注目されていた。

1975年に伊東豊雄は「菊竹清訓氏に問う、われらの狂気を生きのびる道を教えよと」という文章を書いている。「中野本町の家」の竣工は1976年であるからその設計から工事の時期であり、菊竹清訓の萩市庁舎が竣工した時期の文章である。

伊東豊雄による菊竹清訓への言葉を以下に要約する。

　　私たちが菊竹清訓氏という作家に求めるものはやはり不気味なほどの空間構成へのひらめきと、そのひらめきを執拗なほどに細部まで展開してゆく姿である。

　　近代建築のもつインターナショナルな表現を脱して、新たにリージョナルな空間を構築しようとする菊竹氏の姿勢は理解できるが、スカイハウスや東光園の時代から氏の建築にはもっと独特の土着的な空間の臭いがあったと思う。

〈か・かた・かたち〉の3段階設計方法など、外部から氏の論文のみで、菊竹像をつくりあげていた私は、入所後間もないころ、彼との打ち合わせの際にとめどもなく流れるように描かれるイメージスケッチに魅了された。氏は類まれな感受性を備え、学生時代 に雑誌から想像などでつくり上げていた論理的な建築家像は、入所1ヶ月で根底からくつがえされた。断片的ではあるが、ひらめきに満ちたそれらのスケッチは、若い私たちに建築の新たな可能性と、人間の感性に基づく設計の楽しさをとことん教えてくれたが、直感的であればあるほど、彼自身は自己の才やひらめきに頼ることを極度に警戒しているふうであった。

入札のための実施設計完了の期限が3日後に迫った時点で、架構形式の根本的な変更が行われた。無言のまま厳しい表情で長時間模型を眺めていた彼が、突然描き出したスケッチによって鉄骨トラスを放射状に組み合わせた白いシェルターという現存する形態が生まれたのであるが、徹夜を重ねて完了目前まで近づいた時点だけに、多少の変更には驚かないスタッフもこのときばかりはみな虚ろな表情で茫然と顔を見合わせていた。
菊竹氏にまつわるこのような逸話を、なぜいま話すかといえば、菊竹清訓という作家の内に宿る〈狂気〉のような部分に触れたかったからに他ならない。日本の現代の建築家たちのなかで、彼ほどに「狂」という表現のあてはまる作家はいないと思う。

氏のスカイハウスから都城市民会館、パシフィックホテル茅ヶ崎あたりのすなわち1950年代後半から1960年代半ばごろまでの作品は彼の狂気の奔出によって成立しているともいえよう。

成長と変化のダイナミックス、流動性モビリティといった都市社会の状況把握の概念と、それを原点として建築のイメージを生み出していこうとする空気は丹下研究室を中心として、60年代前半の建築ジャーナリズムの主流を構成していたように思う。メタボリズム・グループも基本的にはこの視点に立って各メンバーの多彩な活動をくり広げており、菊竹氏は成長と変化というメタボリズムの初期中心テーマに基づいてグループのなかで最も忠実に建築をつくっていこうと試みていた。特に1963年から1966年にかけての4年間は氏の設計活動のなかで、このテーマの展開という点からもすぐれた作品を矢継ぎばやに完成させてひとつのピークを形成した時期である。[1]

当時の菊竹清訓の建築に向かう思想は、彼の「現代の建築家像」の以下の言葉から窺い知ることができる。

建築の創造は、あくまで矛盾をもった社会、矛盾をもった人間を承認しなければならない。その結果建築は秩序をつくりだす方向に、矛盾を克服しようと計るのである。建築に虚無の建築、自己否定の建築が存在しえないのはこのためである。このような建築家の基本的態度としては、自然科学の体系を大づかみに捉え、広い視野に立って、問題を追求する方法論を正しく認識し、修練していくことが要求され、新しい矛盾の体系に組み込んでいく創造的自己開発が同時に必要とされる。そこにオーソリティであるとともにアンシクロペディストであるという創造的人間像が建築家に求められてくるのである。建築家は他の領域の各専門家との間に自己を分化させることによって、発展的協力関係をそこにつくりだし、建築という限定された問題にとどまることなく、都市計画そして人類全体のための自然改造計画にいたる、あらゆる生活環境空間の問題に対し、積極的に創造的人間としての役割を果たしていかなければならない。[2]

菊竹清訓と同時期に、全く独自にしかも真っ向から菊竹清訓やメタボリストたちの技術と社会に対するオプティミスティックな思考を背景とする建築思想に対峙していた建築家である篠原一男に、伊東豊雄は接近をして影響を受けることで自己の建築を追求することになる。
篠原一男は「住宅設計の主体性」の中で次のように述べている。

都市デザインをまず先につくらなければひとつの住宅のイメージが生まれないと思う人だけはその方法をとり給え。だが、それは住宅というもののつくりかたの本質を示すものではない。たとえ未来に、どのように整然とした大都市が建設されようとも……そんなことはあり得ない。それが現代の条件なのだ……私たち建築家がつくる独立住宅はそれと向かいあって建つべきものであって、それに順応したり、触発されてつくられるものではない。[3]

さらに「住宅論」において、

高度産業社会の一翼を担う建築界の主流はいつも人間を集団的存在として外側の輪郭でとらえる。現代が大衆社会であるという性格からこれは当然である。だが、私たちの仕事の住宅はいつもひとつの人間家族を通してしかこの社会と接触する

みちはない。この莫大な数のなかのたったひとつの単位との接触という住宅の条件は本当に絶望的でさえある。しかし人間一般という問題について、この頼りなげな接触法は本当に絶望的であろうか。私はそう思わない。巨大な架構、多量な空間の獲得に専念する建築界の主流の動きが素通りしていく地点に、社会と人間との問題を考える最も重要な主題が沈んだままになっていると思うからである。個を通して全体をとらえるという過程は、居直りどころか、最も正統的な人間の社会への接近法なのである。※4

伊東豊雄は菊竹、篠原の両氏に対して、「菊竹清訓氏に問う、われらの狂気を生きのびる道を教えよと」で、以下のように述べている。

菊竹氏の論文は「東光園」の発表の際に書かれたものであり、篠原氏の文章は前半が「大屋根の家」、「土間の家」の発表の際、後半が「白の家」、「花山の家」の発表の際に書かれたものである。ふたりの文章ともに当時の状況に対して身構えた姿勢がうかがえるが、まさに対極的な立場から論を展開している。菊竹氏の場合、社会や人間に矛盾があっても状況を全面的に信頼し、承認してその日常性を直接捉えるという立場を根底に据えて、建築から都市や自然改造までの広い領域に関わろうとする。ここにはテクノロジーや制度に対するオプティミズムがあり、ルネサンスのヒューマニストのようにバランスのとれた建築像を目指した姿を読み取ることができる。
一方、篠原氏の場合には、矛盾に満ちて大勢において否定的であり、これと関わりうる唯一の接点として個としての人間を捉え、そこから設計にとりかかろうとしており、氏の建築はあくまで状況批評の意味を備えようとする。※5

そして伊東豊雄は篠原一男に対する共感を言葉にしている。

10年後の現在の状況から判断すれば、私はあきらかに篠原氏の立場をとる。むしろ1960年代に建築家がこれほど容易に都市と関わっていけると確信できた状況に対し、文章だけから判断すれば首をかしげたくなるほどである。

そもそも私が菊竹氏の事務所で働こうと想ったのは、論理に基づく建築を求めてのことであったが、先述したように論理の整合性よりも彼の作家としての感性に惹きこまれてしまっていた。それにつれてシステムや論理よりも自己の感受性に最大の価値を認め、ひとつの思想にまで高めて空間に表現することができれば、方法

論などはどうでもよいとすら思い始めていた。[6]

これに続いて、伊東豊雄は時代状況の変化に対して、

　　すなわち60年代の後半に入って高度成長経済はなお持続したが、その歪みも少し
　　ずつ表面化して、都市の成長と変化への時期と同時に不安や批判が交錯するよう
　　になりつつあった。例えば時代の変化に敏感な磯崎新は「現代の都市にとって共
　　同体意識の発生する基盤はまったくないといっていい。それゆえ、コミュニティを
　　再建するなどあきらめたほうが賢明であろう。そういう全面的な接触の場であるよ
　　うな広場は存在しまい。ただ信じられるのは、各人の欲望の種類と質に対応する
　　空間だけだ。」（「イタリアの広場」『SD』1965年1月号）と記述し、さらに70年
　　が近づくにつれて批判を浴びることの多くなった産業社会に対して、高度成長経
　　済を前提としたメタボリズムの思想は批判の先鋒をかつぐという認識すら免れえな
　　い感もあった。[7]

という認識を示し、さらに次のように記している。

　　このころから菊竹氏の文章には「代謝」という言葉に代わって、「人間」あるいは
　　「市民」という言葉が目立つようになる。70年代の初めに氏は『人間の建築』、『人
　　間の都市』なる2冊の著書を相次いで出版したが、それらを通じての「人間」とは、
　　常に集団としての人間であり、生身の個人ではない。[8]

伊東豊雄のなかで、建築において人間をどう捉えるかということがここに記述されてい
る。
丹下健三は戦後、平和と民主主義の日本という国家が高度経済成長という産業社会を
通して実現されるなかで、自身が戦前に岸田日出刀に示唆され構想したと考えること
ができる、モダニズムと日本の伝統建築の造形とのモンタージュを通して、戦後日本
の民主国家の表現を1950年代の建築の主流とした。
その次の世代のメタボリズムの建築家のなかにあって、菊竹清訓は高度経済成長期に
おいて日本人の土俗的エネルギーの近代的ありようとしての大衆的エネルギーの造形
を、モダニズムの中に最も力強く提示していた。
戦後の日本のモダニズム建築の表現として、丹下健三においては天皇の系譜の伝統
的造形とモダニズムのモンタージュという方法に基づいた造形表現であったのに対し
て、菊竹清訓には大衆としての日本人が戦後の経済成長のなかで獲得したエネルギー

としての土俗的力強さが彼のモダニズムには表現されていた。

しかしそれは菊竹清訓においてはマスとして表現された大衆のエネルギーであり、そこには個人としてひとりひとりの顔は見えない、量としての大衆が菊竹清訓の人間の捉え方であった。

この同じ年1975年に伊東豊雄は「磯崎新の身体的空間とマニエラ」という文章を書いている。ここでは当時マニエラ（手法）という知的な建築的戦略でモダニズムに対する批判的方法論的な磯崎新の建築の論理としての表現よりも、彼の身体性に対しての関心を表明している。

伊東豊雄による磯崎新への言葉を以下に記述する。

　　　磯崎は自己の作品を語るに際して、多くのレトリックによって私たちを幻惑しつづけてきたけれども、このような単一のモティーフをくり返すという点では、その一貫性においてむしろ稀有な作家であると思う。そして時には、ルイ・カーンを思わせるコンクリートのダイナミックなストラクチュアによって、いささか重くわたくしたちを取り込んでしまう空間こそ、磯崎新が設計をはじめた60年代後半から70年代前半にかけての、近代建築の行き詰まりとその規範の崩壊して行くプロセスのなかでも耐え続けている事実に、私は関心を覚える。※9

伊東豊雄は磯崎新が戦後日本のモダニズム建築を批判する戦略とした、現代的に解釈されたルネッサンス後期のマニエリスムを方法論とするマニエラ（手法）の知的方法論ではなく、磯崎新の身体的なるものとしてその建築に表現されている空間性に関心があることを表明している。伊東豊雄は以下のように語っている。

　　　反建築という言葉の意味は状況に対する投企であると同時に、それ以上に磯崎自身の内部に培われている身体的な空間秩序への知による解体作業であったように思われるのである。……私は磯崎の肉体にまつわる内的な空間の発現、それは彼の知で、いくら覆っても覆いきれずに頭をもたげてくるのだが、その事実にむしろ興味を覚える。……洛中洛外図屏風に限らず磯崎が好奇心を示した都市や建築空間のイメージは、確かに拡がりや透明感にみちている。廃墟、シンボル分布、マトリックス、イリュージョン、インヴィジブル・シティ、イヴェント、物質の非在化、被膜、サイケデリックな環境など、それは枚挙に暇がないほどだが、これらの言葉は観念の投影ではあり得ても、決して肉体の投影ではあり得ないだろう。長谷川堯の「岩窟に穴をあけるような企て」という空間づくりの言葉には私も惹かれるが磯崎の場合、このような企てに無関心であるのではなく、岩窟

に穴をあけたような空間のイメージはアプリオリに彼の内に潜在しており、設計に際して顕在化してしまうこの身体的空間をむしろ消去するのが彼のプロセスなのである。そして彼はエネルギーのかなりの部分をこの作業に費やしてきたにもかかわらず、いまだにこの根源的な身体を、彼の空間から完全には消し去ることができずにいるといってよいだろう。……私はレトリックの過剰な空間がそれほど好きではない。磯崎新という建築家の空間に興味を抱くのは、彼が自己の身体的空間を引きずっている限りにおいて、またその身体性へと向かうレトリックやマニエラである限りにおいてである。この身体性がマニエラ（手法）で完全に破壊される時があるとすれば、その時、彼の建築解体の作業は完了する。[10]

と結んでいる。

伊東豊雄の篠原一男への言葉

伊東豊雄の言葉は、1976年当時の状況に対する孤立した自身と人間と都市に対する気持ちを、篠原一男の住宅作品に対して表明している。伊東豊雄から篠原一男に向けられた言葉の断片を「ロマネスクの行方—篠原一男氏の住宅について—」から記述してみる。

不条理としかいいようのない繰り返される逆説のなかに、荒涼とした都市の均質さと渇きと、そこに生きざるを得ない人々の疎外の状況とが見事にある。彼のなかの私、私のなかの彼。それがある日交換していても、何の不都合もなく日常が過ぎていきそうな不安に駆られるときが、たしかにあるように思うから、この世界では人々はみな自己のアイデンティティ、すなわち己れの存在の証を求めてさまよい続けるのだ。みながそれぞれの方法において。己れの存在を確認しようとする試みの感じられない建築にはすべて興味がない。

篠原一男氏のすべての住宅は、乾いた言葉と笑いの向こうにある人々の固い沈黙の表情、すなわち世界の内にあっての孤独さをいやというほどに噛みしめた地平に成立している。

かつて建築家たちがきらびやかなモニュメントの下で黒点のようにうごめく人間たちの俯瞰図を作成することに熱中していたとき、一人の建築家が「住宅は芸術である」とか「すまいは広ければ広いほど良い」などといくら声高に叫んでも、その叫びが空虚な響きを帯びぬはずがない。このとき篠原氏の手許にはわずかな数の、しかし極めて純化された美しい平面をもつ小さな住宅の空間のみがあった。今日、

俯瞰図は記憶に留まるただの紙片と化した。だが、手の中に収まってしまうほど
の住宅作品の数々は、十数年の歴史の重みに耐えて主張を失うことがない。これ
らの住宅は、都市からまったく無縁なようでいて、どれひとつとして都市という基
盤を離れてはその存在の意味を考えることができない。人間と世界の亀裂は当時
すでに進行していたのだし、いま覆うべくもなく大きいのだから。※11

伊東豊雄はこの時、篠原一男の9つの東京につくられた住宅を体験する。

それまで私の想像力の背景にのみ存在していた9つの空間が、平板な都市の日常
の流れの内側から次々と切り開かれてきたとき、私は現実と虚構の往復運動によっ
て生ずる異邦な感情に包まれていた。鋭利な刃物の突端のようなきらめきを宿し
て、東京という都市に割れた9つの〈亀裂〉の空間。

一人の建築家のつくりだす虚構の空間とメディアのつくりだす虚構の空間。2つの
虚構は、ともに都市の日常の間にあって、人びとに働きかける。
メディアのつくりだす虚構は、人びとのさまざまな日常行為の間に割って入り、あ
らゆる手段を講じて人びとの視覚や聴覚を刺激し、その空間へと人びとを引き込
む。もの（商品）と記号（文字、ライト、ネオン、音）が氾濫し、交錯する幻惑と
仮象の空間。この空間にあるあらゆるものはメディアのトリックによって輝きを示し、
その間を歩く人びとに誘いかける。人びとは仮象の輝きに目を奪われて、自己の
アイデンティティを回復したかのように思い込んでしまう。その錯覚のなかでなさ
れる消費。仕組まれた虚構。※12

ここで伊東豊雄に先行する3人の建築家に対する言葉から読みとれることは、それぞ
れの建築家の建築的論理でなく、彼らが人間として表現するその建築の底に存在する
論理化できない建築性であることが理解できる。
伊東豊雄が菊竹清訓に対して発した「狂気」という言葉は、菊竹清訓が〈か・かた・か
たち〉という言葉で整理しようとした設計のプロセスの論理的な進展のレベル設定や、
「建築家の基本的態度としては、自然科学の体系を大づかみに捉え、広い視野に立っ
て、問題を追求する方法論を正しく認識し、修練していくことが要求され、新しい矛
盾の体系に組み込んでいく創造的自己開発が同時に必要とされる。」などという社会性
としての制度の中で、菊竹清訓が論理化しようとする建築家の自己規定のようなもの
に共感することではない。

大胆な架構を露出させると同時に、それによって形成される空間の秩序を乱すべく、過剰なまでに感性的なデザインが付加されている点である。東光園はその頂点であり、この建築のいたるところに、溢れんばかりの感受性に支えられたディテールデザインがなされ、その豊饒さによって、見る者を幻惑する空間が演出されたのである。それは構造体の表現、あるいは空間を構成する論理の表現の明快さや粗々しさと、その秩序を崩そうとするバロック的なエネルギーとの葛藤の姿である。[13]

と表現された菊竹清訓の建築における建築性を成立させている、矛盾を孕んだ構造の秩序の表現と感性のあいだの、造形エネルギーの狂気に対する共感である。
1970年代に最も知的戦略としての「近代以後のマニエリスム論」を提示してモダニズムの閉塞性を打ち破ろうとした磯崎新に対しても、知的作業の根底にある磯崎新が引きずり続けている身体的空間の存在を問題とする。

みながそれぞれの方法において、己れの存在を確認しようとする試みの感じられない建築にはすべて興味がない。[14]

この地点から伊東豊雄の建築の探求は開始される。

第2章出典
※1　伊東豊雄「菊竹清訓氏に問う、われらの狂気を生きのびる道を教えよと」(『建築文化』1975年10月号)
※2　菊竹清訓「現代の建築家像」(『建築』1965年4月号)
※3　篠原一男「住宅設計の主体性」(『建築』1964年4月号)
※4　篠原一男「住宅論」(『新建築』1967年7月号)
※5　伊東豊雄「菊竹清訓氏に問う、われらの狂気を生きのびる道を教えよと」(『建築文化』1975年10月号)
※6　同上
※7　同上
※8　同上
※9　伊東豊雄「磯崎新の身体的空間とマニエラ」、初出:「シンメトリーのパラドックス」(『新建築』1975年7月号)
※10　同上
※11　伊東豊雄「ロマネスクの行方—篠原一男氏の住宅について—」(『新建築』1976増刊11月)
※12　同上
※13　伊東豊雄「菊竹清訓氏に問う、われらの狂気を生きのびる道を教えよと」(『建築文化』1975年10月号)
※14　伊東豊雄「磯崎新の身体的空間とマニエラ」、初出:「シンメトリーのパラドックス」(『新建築』1975年7月号)

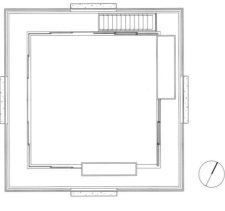

1st Floor

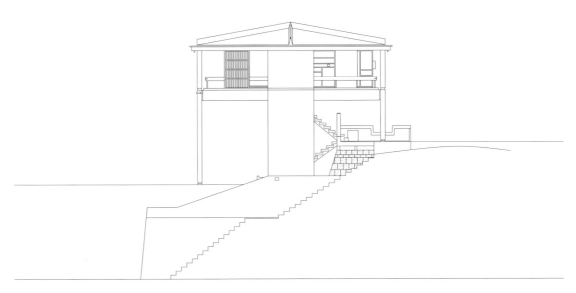

South Elevation

スカイハウス（菊竹清訓設計、東京都文京区、1958年）の平面図と南立面図。縮尺1/200。

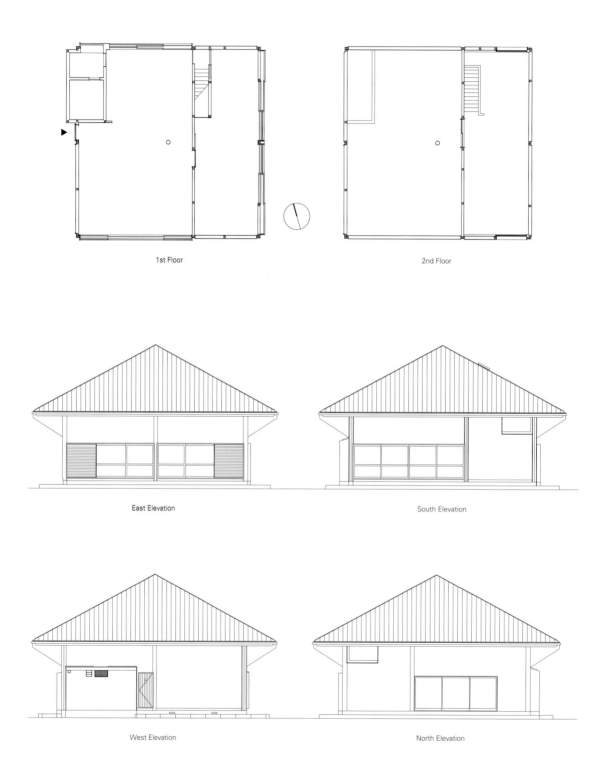

白の家（篠原一男設計、東京都杉並区、1966年）の平面図と立面図。縮尺1/200。

2nd Floor

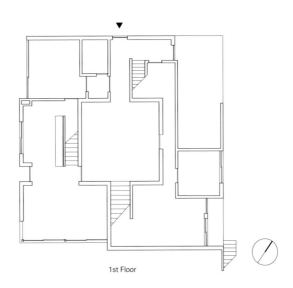

1st Floor

未完の家(篠原一男設計、東京都杉並区、1970年)の平面図と立面図。縮尺1/200。

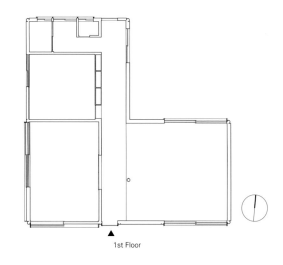

1st Floor

East Elevation

West Elevation

North Elevation

花山北の家（篠原一男設計、神戸市長田区、1965年）の平面図と立面図。縮尺1/200。

1st Floor

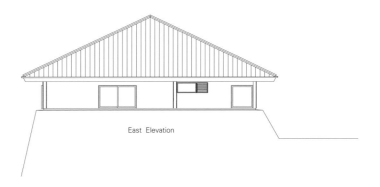

East Elevation

花山南の家（篠原一男設計、神戸市長田区、1968年）の平面図と立面図。縮尺1/200。

第3章 | チューブからの発進

1970〜71年に設計された住宅「アルミの家」が伊東豊雄の最初の実現作品である。この住宅はその名前に記されたように、外装にアルミニウムが使われている。

正方形平面のヴォリュームの両側に変形6角形の平面に、角錐の屋根がのせられたふたつのヴォリュームが結合された住宅であるが、両側の屋根の頂部にチューブ状に伸ばされた塔のようなものがあり、その上にトップライトがつけられている。

この塔は光を上から導くための機能が与えられているが、普通のトップライトではない。光を部屋に導くという機能だけのためならばこのようにチューブとして異様に長く引きのばされなくてもよい。

この住宅の外観はNASAから打ち上げられた有人宇宙カプセルを2つ、入り口の両側に結びつけて住宅にしたようにも見える。

有人カプセルは1970年代初頭の宇宙テクノロジーのアイコンとして、イギリスのアーキグラムの建築家たちのテクノロジカルな形態言語でもあった。

しかしこの住宅では外壁のアルミニウム薄板がペラペラなので、硬質の金属パネルでつくられた宇宙カプセルと異なり、アルミの布で覆われた柔らかいパオのようにも見える。

すでにこのとき、後に都市の遊牧民のパオという概念で住宅を展開することになる伊東豊雄は、最初の住宅から宇宙を遊牧するテクノロジカルなイメージとパオのような仮設の柔らかい皮膜に覆われたヴァナキュラーな住宅のイメージがすでにあったようにみえる。

チューブは光の筒として太陽光を室内に導くための機能を象徴化しているともいえるが、伊東にとってチューブは建築の基本的な空間要素として存在していると考えることができる。

「アルミの家（URBOT-001）」の実現のあと、伊東は「URBOT-002（無用カプセルの家）」、「URBOT-003（東京ヴァナキュラリズム）」というアンビルトな住宅計画をつくっている。

アンビルト、つまり実現することを目的としたものではない建築計画によって建築界の状況を革新的に変革することを目論んだのは、1960年代後半の前衛建築家たちの戦略であった。

イギリスのアーキグラムやイタリアのスーパースタジオ、アーキズームなどのグループはメディアを通して革新的な建築のイメージの映像を提示し、現実には存在しない建築により建築世界を変えようとしていた。

1970年に大阪で開かれた世界万国博覧会は日本のメタボリズム・グループの活躍の場でもあったが、メタボリズム・グループや磯崎新の発想はイギリスのアーキグラムや

セドリック・プライスのアンビルトな計画に多くを触発された実験的な建築の実現でもあった。

その大阪万博はまさに日本の高度経済成長を支えた工業テクノロジーの祭典として、未来の都市の要素の展示物としてのパヴィリオンをメタボリストたちはデザインした。

しかしここには輝かしい未来の人間の生々しく生きるリアリティは存在しなかった。

テクノロジカルな未来建築は展示物以上ではなく、ここは高度経済成長の無限の進歩の夢の限界の展示場でもあった。万博に参加しながらも磯崎新だけがこの未来の廃墟を見据えることで、建築の次の状況を推し進めることになる。

メタボリストとして活動した菊竹清訓の事務所から独立したばかりの伊東豊雄の心は、以下の文章に正確に記述されている。

昭和46年、1971年夏URBOTはテクノロジー信奉と、その支配への諦めから生じた気だるい感情が交錯する都市に生み落とされた私生児建築である。その正式名をURBAN ROBOTという。……URBAN ROBOTの察するところ、東京という都市の行く末は、現在の発展の方向をそのままオプティミスティックに延長するならば、あらゆる装置を備えたロボット群と、超大型のコンピューター群から構成されるタウンブレインとによって、一糸乱れぬコントロールが繰り広げられる大管理機構を備えた都市〈メカニストリア〉を形成するはずであった。そこで各個人は情報ターミナルとしての住居カプセル内でsexをし、食べ、眠る。URBOTが次代の建築のエリートとして機能しようとするならば、有能なアーバン・ロボット群のひとつである住居内ターミナルとして、またはコミュニティの情報ターミナルとして人々に奉仕し、マシンマン・システムを確立するべきであった。そうすれば彼は、技術に全幅の信頼を託した生産のメカニズムの下で現実化され、社会に受け入れられていったに違いない。

しかしURBOTは強力な情報装置を自分の内に持ち込むことに大きな魅力を感じつつもそれを躊躇した。それは彼が大手企業のビジネスマンになりきれないようなものであった。この躊躇は巨大な管理機構に組み込まれることへの戸惑いというような教条的なものではなく、彼の内に渦をまいている非メカニズム、非テクノロジーへの不条理な感情によるものであったと言えよう。彼の目には、情報都市〈メカニストリア〉の姿も共同幻想としてのみ存在しうるホモジニアスな世界でしかなく、彼は人々の熱い息や体温が伝わるような空間にしかリアリティを感じられなかった。[1]

伊東豊雄がリアリティという言葉で示す、人間に直接的に伝えられる建築家の生きた、

論理によるだけでは伝わらない直接的な空間が、論理を超えて建築として形づくられた時が伊東豊雄の目指すものであることがわかる。

それが伊東豊雄の1970年大阪万博以降の気持ちである。

1971年に発表された「URBOT-002」、「URBOT-003」というアンビルトのプロジェクトでは直線上のチューブは「アルミの家」の塔よりもさらに長くなり、睡眠カプセルの上部から天井スラブを突き抜けて住宅の外部に突出する。さらにトイレやバスタブに向かう動線としてのチューブは水平に伸びて行き、上部へ屈折し伸びてゆく。これらは計画案であるために、より純粋に当時の伊東豊雄の建築空間に対する思考が表出されている。

この住宅では「アルミの家」を構成する単位であるチューブの取り付けられた角錐カプセルは、家族のひとりが眠るためだけの場所として縮小されている。それが閉じられた家の矩形の領域のなかに家族の数だけ置かれている。

まるでアンドロイドが長い眠りにつくために用意された生体維持カプセルが倉庫のような、がらんどうの場所に並べられているようなSF的な近未来性さえも感じさせる。

さらにこの住宅には、トイレ機能と浴室機能がそれぞれの行き止まりに設置された幅1m長さ10mにもなる細長い1対の2本のチューブが水平にとりつけられ、住宅への入り口はその2本のチューブの隙間の奥にとりつけられている。

この住宅のシンメトリーの形式は、社会から自らを閉ざし沈黙し静止した空間をつくっている。ただ眠るためだけの極小の空間のなかに自らを閉じ込めることによってのみ、社会と対峙するアンドロイドのための休息場のような住宅である。

これは当時の伊東豊雄の観念のなかでの住宅が設計されて提出されているのだろう。

70年代の「新建築住宅設計競技」は磯崎新が審査委員となった時に出題した「我がスーパースターの家」以降、ピーター・クックの「メトロポリスにおける快適でくつろいだ住まい」、リチャード・マイヤーの「交差点に立つ住宅」など単に建築雑誌の設計競技というだけでなくコンセプチュアルなアンビルトの建築作品の提示される催しとなった。

これらの審査委員を務めた建築家が選択した作品の意味はモダニズム以降の現代建築の探求のひとつとしての意味を持っていた。

伊東豊雄は建築家・篠原一男が審査員の時の新建築設計競技で「弧の余白」と題した住宅を提出している。篠原一男はこの作品を佳作として選んだ。

後年、篠原一男が私に、「新建築の設計競技の時に伊東豊雄の作品を佳作などではなくもっと高く評価しておくべきだった。」と語ったことがある。

篠原一男は建築に対する自身の評価に対しての反省を表明することなどなかった建築家であったので、私は大変このことが印象に残っている。

今となっては篠原一男の「弧の余白」に対する再評価の真意を確かめることはできない。私はまだ学生であったが篠原一男の審査した新建築設計競技の入選案のなかで、もっとも新鮮に感じたものであったことを思い出す。

この設計競技で篠原が1等として選んだ外国人の案よりも、私は伊東豊雄の佳作案に惹かれた。この計画案はそれまでに発表した、実作の「アルミの家」、プロジェクトの「無用カプセルの家」と比較すると、大きな変化として建築的形式としての対称性が消えていることに注目しなくてはならないだろう。

特に平面において、個室として使われる垂直なチューブと浴室として使われる垂直なチューブは矩形平面のなかで大きさも異なりまた非対称に配され、それらの残余が家族のための余白としての生活空間として提示されている。

ここで伊東豊雄はチューブ空間を展開しながら、建築における古典的形式性としての対称性の形式的空間秩序から自由になることを試みていると考えることができる。

そしてさらに最も重要なことは、幾つかのチューブの余白が建築空間の問題へと移行していることである。

ひとりの個人としての人間を人間として捉えようとする試みとして、1972年篠原一男が審査員であった新建築設計競技における佳作入選「弧の余白」は、伊東豊雄の個人としての家族ひとりひとりの余白に生じる家が問題とされている。

「弧の余白」を積層させればスラブを突き抜けて幾つかのチューブが機能的な役割を果たしながら建築を成立させ、チューブの余白が人びとの活動する場として機能する。このチューブが構造と動線機能を担い、さらに水平方向に向かってゆらぎ、スラブの平面に自由に配置されたとすると、伊東豊雄の2000年代の代表作である「せんだいメディアテーク」に進化する。

つまり「弧の余白」は「せんだいメディアテーク」の原型として、ここですでに30年も以前に住宅として提出されていると考えることができる。

「中野本町の家」（1976年）は伊東豊雄の住宅の70年代の代表作として位置づけられる作品であることは多くの人が認めている。

私もいつであったか日本にAAスクールの学生が研修に来た時、ある外国人の学生に日本で興味のある建築を尋ねると、「U-house」という名前でこの住宅のことを示された記憶がある。

この住宅は実作の「アルミの家」、プロジェクトの「無用カプセルの家」、「弧の余白」などのそれ以前の住宅作品やプロジェクトでは、チューブは建築の構成要素のひとつであったのに対して、住宅そのものがチューブによって成り立っているという意味で伊

東豊雄の空間性としてのチューブが最も純粋に提示された建築ということができる。

さらにチューブはそれまでの住宅作品においては直線状であったが、大きく一部が半円状に曲げられている。

その曲げられたチューブの両端部が直線のチューブで接合されて住宅はU字の円環となっている。この住宅の設計過程について伊東豊雄が話したひとつの思い出がある。

私がまだ学生であったころ、建築史家の三宅理一が企画した現代建築講座のシリーズにおいて、伊東豊雄が講師として講演したおりに「中野本町の家」の設計過程を説明した時のことである。

最初この住宅の入り口はU字に曲げられたチューブの中心線の位置にあった。つまり、平面図は最初極めて対称性の強い形式であったということである。

しかし伊東豊雄は「入り口を右の端に寄せた時にこの住宅が成立した」と語った。

このときチューブの中に流れが発生したのである。

この住宅で流れという現代建築としての新しい空間性が生み出されたことが、伊東豊雄の次のプロセスへ向かわせることになる。

チューブとは形態ではなくそのなかを何かが流れるための空間である。

入り口が軸線の中心の位置から右端にずれた時に円環状に空間が動き始めた。ここに伊東豊雄の建築空間が生まれたと理解することができる。

第3章出典

※1　伊東豊雄「無用の論理」(『都市住宅』1971年11月号)

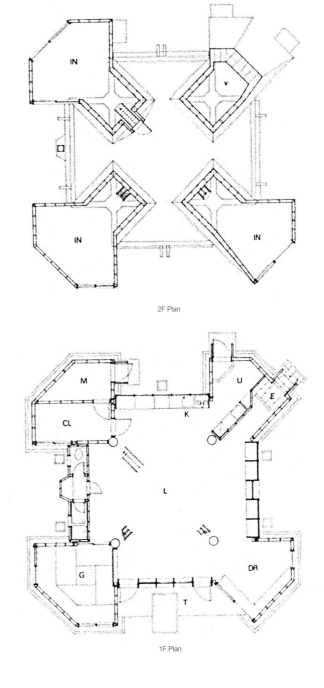

URBOT-001　初期案平面図

URBOT-001（アルミの家）｜神奈川県藤沢市｜1971
Aluminum House

12本の象徴的な筒を含め、外壁は薄いアルミの屋根材で覆われている。ベニア板で仕上げられた内部空間には、筒を通して光が1階まで届く。

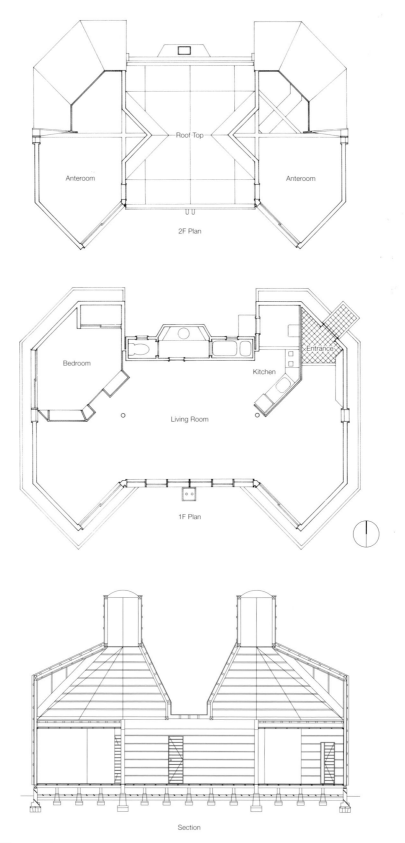

平面図、断面図　縮尺1/150

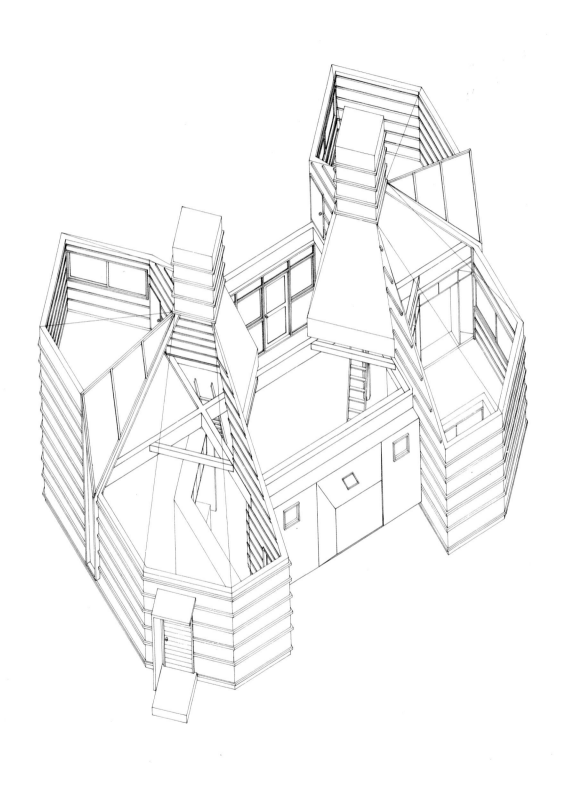

アクソノメトリック図

URBOT-002（無用カプセルの家）｜計画案｜1971
URBOT-002

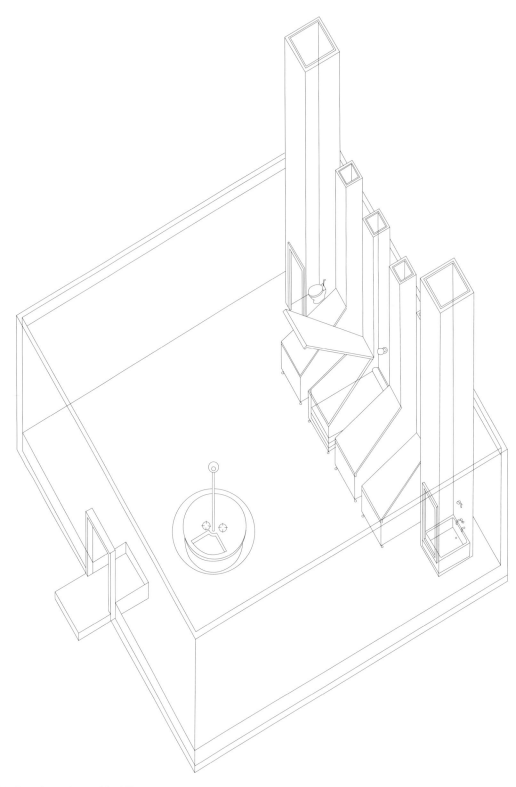

無用カプセルの家A　アクソノメトリック図

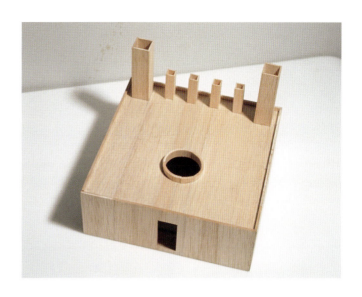

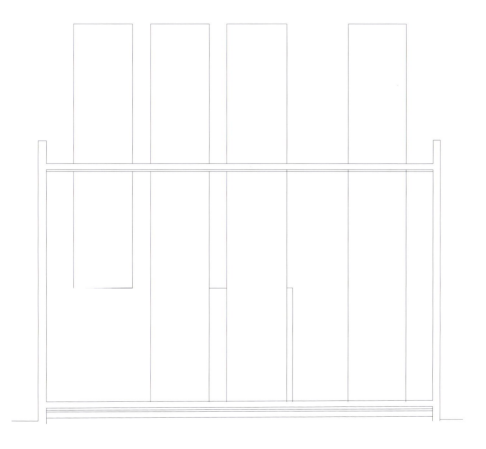

無用カプセルの家A 断面図と模型

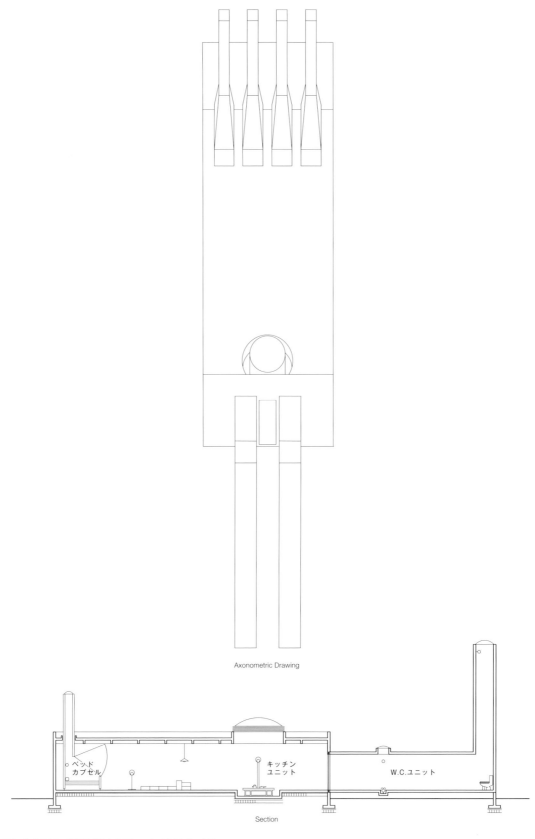

Axonometric Drawing

Section

無用カプセルの家B　断面図（縮尺1/200）、アクソノメトリック図

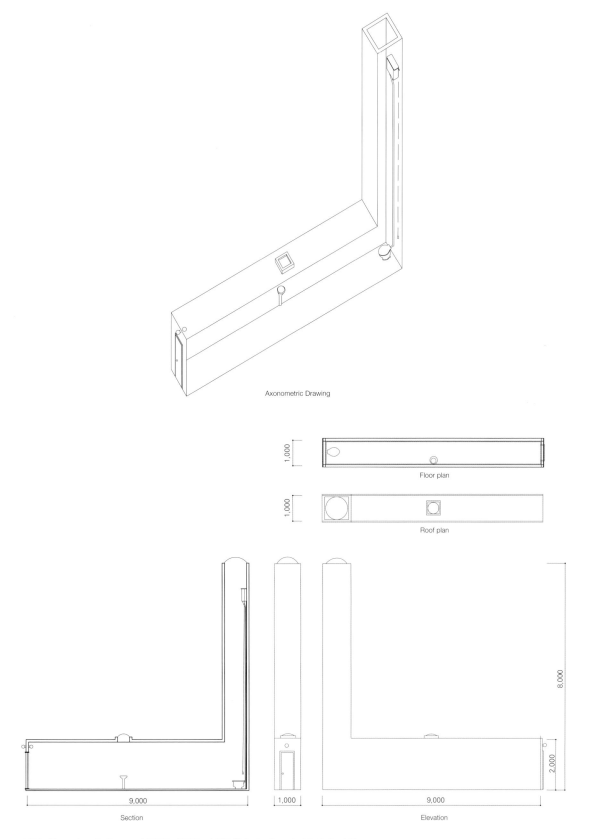

無用カプセルの家B　トイレユニット平面図、断面図、立面図（縮尺1/150）、アクソノメトリック図

URBOT-003（東京ヴァナキュラリズム）｜計画案｜1971
URBOT-003

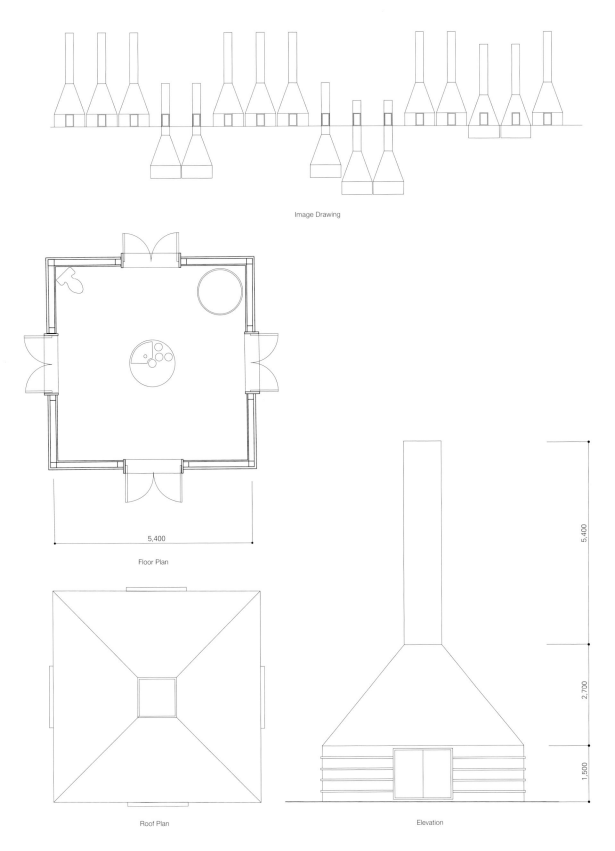

平面図、屋根伏図、立面図（縮尺1/200）、イメージドローイング

孤の余白（新建築住宅設計競技） | 1972
Entry Proposal for Shinkenchiku Residential Design Competition

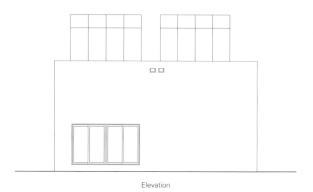
Elevation

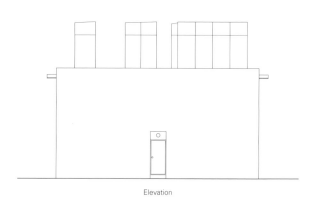
Elevation

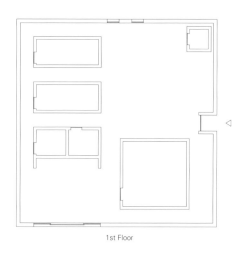
1st Floor

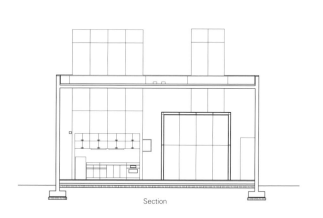
Section

透視図、平面図・立面図・断面図　縮尺1/200

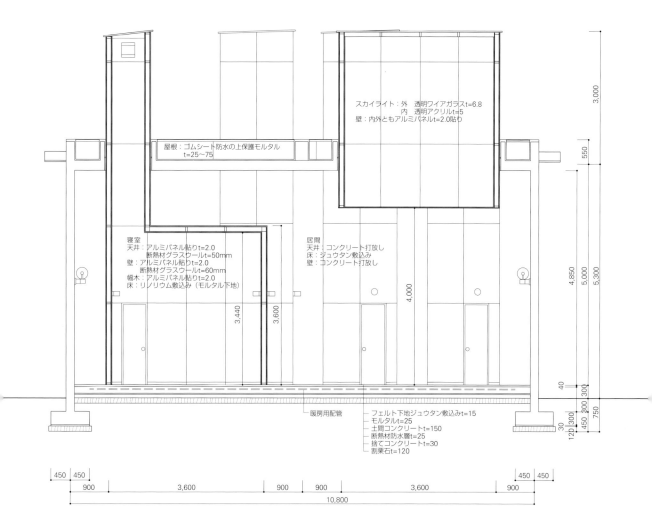

矩計図　縮尺1/120

孤の余白

状況に壁をめぐらしても足りない。
そこには人のなまあたたかい臭いがまた残っているから安心できない。人と人がどんなに顔をつき合わせて笑ってみても笑いは虚ろに響いてあとに恐怖が追ってくる。
人は一瞬のうちに笑いの向こうへはじきとばされてしまう。
壁の内に孤の塔を築こう。
孤の塔の下にうずくまって8mの上方に淡い光が柔かい球のように拡がるのをみよう。
光のひろがりの内にいては人は思考できない。光の淡く柔かい拡がりの領域を遠く隔てた塔の下から跳めるとき、そこに人ははじ

めて自己の世界をつくることができる。
光の球に宿る幻視の空間においてのみ欲望は豊かにふくらみ、緑にかがやく野は果てしなく続いて行く。
果てしなく続く野を求めて人は塔を出る。
そこに冷たく孤をとりまいて漂う余白の仮構、コンクリートの打放しの壁のあいだを刃のように孤の表皮が光って………
領域は不確定に伸び脱ける。
ここに状況と観念の行き交う交錯の空間がある。
この余白の仮構に立って人は隔絶の奥に何をみるだろうか。

（設計競技応募図書より）

第4章 | 建築のレトリック

新建築1976年11月号に多木浩二は伊東豊雄の「中野本町の家」と坂本一成の「代田の町家」をとりあげ、「建築のレトリック1〈形式〉の概念——建築と意味の問題——」という文章を書いている。そこでは、坂本一成と伊東豊雄の住宅建築作品をとりあげ、建築における意味の問題を論述している。

多木浩二は美学を修めた後に一時写真家としても活動し、さらに批評活動を繰り広げた思想家であり哲学者でもある。建築に関しては篠原一男、磯崎新に関する批評を深い西欧の現代哲学や記号論の理解の上に展開した。

篠原一男の未完の家の発表写真には多木浩二が撮影したものがある。

篠原一男の第三の様式のコンセプトである「野生の機械」は、フランスの現代哲学者のジル・ドゥルーズによるマルセル・プルーストの、『失われた時を求めて』を文学機械とする論考を多木浩二によって紹介されたことから展開した篠原一男の建築のコンセプトである。

多木浩二は言葉でなく、かたちや空間の意味の生産のメカニズムについて思考する。

多木浩二の論考を要約してみる。

それは意味の生産としての建築における問題が伊東豊雄の「中野本町の家」と坂本一成の「代田の町家」と対比されることによって明らかになるためである。

建築を「意味するもの」と「意味されるもの」の結びつきである「記号」と区別して、建築が記号を解体はするが、古い象徴形式ではなくひとつの「意味」を産出する能力を回復しようという動きに向かい始めているとする認識にもとづき2人の建築を分析している。

このことは象徴機能が失われた近代以降の問題として、現代建築の意味の生産の問題を思考するということである。

多木浩二は建築自身の語りとはなにかを問題とする。つまり言葉ではない建築がどのように語るかということから思考する。

1. さまざまな意味

多木浩二は機能をもったものが、つねに使用自体の記号に変換されるような次元を、「機能性記号体」と呼ぶ。

建築全体を「使用」の次元として把握することを可能とし、建築の社会的な次元における意味作用は、ほぼこのようなセマンティック（意味論的）な体系である。

これは20世紀初頭のモダニズムの建築における機能主義が目指した事柄として理解できる。モダニストたちは機能性記号体のなかに近代の美学の産出を提示しようとしたことに、機能主義の建築の建築性としての美は追及されたと考えることができる。

これはある意味で幻想であり、機能と形態の対応は一意的には結びつけることはでき

ないと同時に、モダニストたちの近代の美学は近代の抽象芸術や古典主義の美学に立脚していたといえる。

多木浩二は建築における象徴的とよばれる意味の次元については、象徴能力が喪われると記号の体系として把握されると説明する。

中世のカテドラルの要素のあいだの形式的な関係がスコラ哲学の形式と同型であるとすれば、このような形式から受けとるものは「意味されるもの」（哲学の内容）にかかわりのない当時の知的慣習の形式、つまりレトリックであるという認識を多木浩二は示す。

そして建築を見るときに受けとるのはむしろ「象徴」ではなく分節と統合の形式であり、記号にはあらわれてこない語り口（レトリック）を垣間見るのであると言及する。

そして建築において「意味」として受けとられるものは象徴的と形式的があり、記号理論の用語をかり、ジュリア・クリスティヴァの概念の「サンボリック」（言語の文法に適った論理的作用やそれに基づく文化的社会的記号体系）と「セミオチック」（言語習得以前の欲動を備えた体内にある機構）として整理する。

2.「意味」から「形式」へ

多木浩二は記号の意味作用としての「意味するもの」に対して「意味されるもの」の優位に対する批判、つまりフランスの現代哲学者のジャック・デリダの記号の解体作業を通じての西欧形而上哲学批判を認識しながら、建築を「意味するもの」に還元するだけでなく、記号（それはとにかく存在し機能するのだ）が図として生じてくる「地」（記号のあいだ）に対する関心であるとしている。

そして「意味」の問題とは、ある「意味」を表現することでなく、物の秩序、関係、つまり「形式」をひとつの契機としてあらわれているようであると言及する。

多木浩二は1970年代における日本の現代建築の推進者である磯崎新と篠原一男の建築について,優れた分析とその建築の形式性の現代における重要さを指摘しながら、あくまで「建築」というイデオロギー中心主義の建築家としても認識できる磯崎、篠原の次の世代である、坂本一成、伊東豊雄、長谷川逸子の建築の意味の生産に対して、70年代中盤から批評活動の対象をシフトしていこうとしたように思われる。

それは多木浩二の著書『生きられた家』（1976年）で考察された、建築家が設計したのではない住宅に対する考察にもみられるように、「建築」というイデオロギー中心主義に対する批判を通じて、建築の意味の産出のメカニズムの問題を探求する論考ということができるだろう。

西欧の形而上学批判としての現代の哲学的問題を通して、「意味」の問題としての「意味されるもの」（内容）の「意味するもの」（記号）に対する優位性を批判する。多木浩二は西欧形而上学批判としての西欧の現代哲学と並行して、現代建築を問題としたと考えることができる。

その時伊東豊雄、坂本一成の建築は考察対象として最も優れた現代の建築的探求として対象化されている。

3. この「形式」と近代建築の関係——共存と違反

多木浩二における近代建築批判としての「形式」の問題について、「形式」とは、すでに近代建築が確立したコードと、そこでは否定されていたか、少なくとも含まれなかったもののあいだの、特別な共存関係の上に生じるものであるとしている。

現代建築にかつてなかった構造を与え、この共存関係、つまり「形式」は1960年代にハッキリ自覚されるようになったと述べる。

さらに近代的な思考とは「分離の思考」であり、それは自然と文化（人工）を対置区別し、そのパラダイム（一連の類似の関係の系列）、ここでは「理性—非理性」、「肉体—観念」をさまざまな領域に徹底して敷衍していくことであったとする。

近代建築の思考における「エクスクルージョン（exclusion）」つまり排除性に対して、「インクルージョン（inclusion）」の的確な意義を、近代建築の無秩序や混乱をあくまで排除する建築の挫折のあとに、多様な生や無駄口も含み、エレクトリックなコミュニケーションのネットワークまで利用し、曖昧さと衝突を内包したインクルージョンの建築として位置づける。

これは1960年代に、ロバート・ヴェンチューリが『建築の多様性と対立性』で言及した問題と同じ近代建築批判の思考に基づくものであるが、多木浩二の場合「形式」は、たんに建築を異質なものの共存とするだけでなく、近代建築のコードとは別の次元にあらたな結合からなるものとしての建築を組織するとしている。

建築がコードを含みながらそれへの違反をもつとき、「形式」は解体し、「表面」が自立する。

そして「表面」とは社会がそれとはいえない部分の浮上、露出であり同時に建築家の「身振り」（意識とは言えない）であるとする。

そしてロラン・バルトの「……創造と社会との間の関係であり、社会的用途によって変形され……人間的意図においてとらえられ、こうして歴史の大きな危機にむすばれる形式なのだ」（『零度のエクリチュール』）を引用して現代の状況を説明している。

エクリチュールについては近代建築のコード（規範）でもなければ、内面の吐出でもない、2次的な意味に満たされた社会から生じ、いわば存在論的な根拠をもつためのもの、それがエクリチュールであると述べている。

つまり「形式」とは純粋な幾何学のようなものをさすのではなく、かりに幾何学的であっても、それこそ歴史のなかでの建築家の身振りとしてある。

したがって透明ではなく、「表面」なるがゆえの深さをもつと語る。

4. 建築の厚み、「表面」と「深さ」

「形式」という建築の表層と、その下にあって働く作用とを区別して考えねばならないこと、形式という表層の構造に対し、実際には、理論的に再構成してみるほかはない深層の構造があることを示す。

つまり深層の構造は、読み取りにあらわれるのであり、メタ・ランガージュ（言語としての建築形態、メタ・言語活動）の実践に姿を見せるということである。

現実には建築は物理的な形態をもち、機能を充足し、技術にささえられている。

「形式」はこのあらわれ方を決めているが、それは、建築家が理論的に再構成する思考とは直接結びつかない。そのような「思考」はこうしてあらわれた建築の基底にあり、衝動（あるいは欲求）に結びついて、建築を生じさせる深層の構造であり、それが表層の「形式」に達するのは、建築的な要素への変換を介してのことであると言及する。

言葉として示されることのない建築の思考についての考察の方法に基づいて、伊東豊雄の「中野本町の家」と坂本一成の「代田の町家」についての論考を示すことで多木浩二は、現代思想のなかでの2つの建築の位置付けを示そうとしていると考えることができる。

5.「形式」としての建築

「形式」（それ自身、相反的でありながら建築の要素に新たな結合をもたらすもの）と建築のなかに潜む建築の生成的思考（意識ではない）との重層化した構造が、建築の意味として読まれるという認識が2つの住宅の意味の生産のメカニズムを読みとる基礎的な枠組みであることを多木浩二は前提としている。

デザインとは、表面としての形式を組織することだという認識にもとづき建築の「形式」（ものや空間の結合組織）を分析することによって、その形式を生み出した「地」としての思考のなかへ開くことができ、その過程が建築固有の語り口を引き出すだろうと説明する。

形式の表面的な性格を暗示するにはフィギュール（レトリック）という言い方のほうが良く、そしてレトリックが建築家の身振りとしてあらわれてくるという視点で2つの住宅は

多木浩二によって読み取られてゆく。

フィギュール（レトリック）には以下のふたつの相がある。

ひとつはパラディグマティック（既出）な面で、類似性のなかからの「選択」である。

たとえばあるエレメントの可能性は無限にあるが、それをつぎつぎに置換して、適切なものを選びだす。したがって潜在的な置換可能性を「地」にしている。支配するのは「対立」である。

もうひとつはサンタグマティックな面（サンタグムとは統合であり、要素間の関係は「対比」である。しかし、たえずパラディグマティックな面から選択されたエレメントでなければならない。）さまざまな要素の結合という建築家の作業は「形式」（フィギュール）の上でみると、この2つの軸、およびその交差としてあらわしうると語る。

以上が伊東豊雄の「中野本町の家」と坂本一成の「代田の町家」の読み取りのために多木浩二によって設定された思考の枠組みである。

2つの建築は「意味」の非言語性については同じながら、そこへの接近をめぐっては対比的であり「形式」に対する関心の持ち方が全く異なるとしている。

坂本の探求は主としてパラディグマティックな面に生じ、伊東の場合はサンタグマティックな面に生じると指摘する。

坂本一成の場合は、物や建築にまつわりつく意味から、建築を解放するという衝動がとくに強い、と指摘する。それはあらゆる物や空間のあつかいのなかにあらわれ、その結果、建築はヴィジブル（視覚的）というより、コンセプチュアル（概念的）な表情をもつようになると分析する。

これは坂本一成が求めているのが、現象するものとしてではなく、もっと確実な、いわば原—エレメントというべきものだからで、このような知的作業の果てに、結局、ある強固な「形式」、あるいは「非—形式」を予想しているように思えると言及する。

伊東豊雄の場合はヴィジブル（視覚的）な世界に意味の発生域を見定めているとする。「中野本町の家」では、違った2つの形式が、ひとつの空間にあらわれており、伊東豊雄の建築の味わいのひとつは感覚的な世界にあり、また無機的な形態の響き合いにあると説明する。

感覚的な世界は、幻影の空間をつくるが、それは伊東によって読まれてきた建築からつくられるが、これに対して無機的形態の結合系は、より非言語的な意味の形式に近づいているとする。

伊東の建築の根底の思考は、いわば無限のたわむれに特長づけられるようなものだと2人の建築家の建築を対比的に批評している。

さらに多木浩二は、坂本一成の「代田の町家」はパラディグマティックな面から、サンタグム的な面へはみだしていくのに対し、伊東豊雄はパラディグムの系列へ広がるという対比的な批評をする。

伊東豊雄の「中野本町の家」は、メタファーが生じ、坂本の建築の中性的な表情とは逆に、あらゆる部分が感覚的であると言及する。

意味の生じてくる過程も結局この感覚的な世界のなかにあり、それには大まかにいって2つの異なる相があるとする。

ひとつは、この建築のかなり特長的なかたちそのものに直接関係し、この建築の多くの要素はこの過程のまわりにあつめられているとしている。

もうひとつは、直接、建築のかたちに関係したというより、そこに呼びさまされていったものであるとし、これはまたここでは十分主題化されてはおらず、結局、この建築に意味の生じてくる過程は、建築のかたちに関連しており、それほどこの形式的な操作は強力であると言及している。

多木浩二はさらに「中野本町の家」の形について全体は馬蹄型にたわめられた筒であり、その脚の両端をつないで閉じたかたちをしていることに対して分析する。

このかたちはあいまいな家々の建ち並ぶなかでは異彩をはなっているが、城塞のように強靭にみえる形態の、外部への効果は、むしろ副次的なものであるとしている。

そもそもの発想はわからないが、曲げるという操作は、もっぱら内部のためにあり、曲げることからさまざまな現象、さまざまな要素がかなり自生してきたと思われると述べる。

この操作は外形を与えるというより、根本的なトポスの変化をもたらすものであると指摘する。

この出発点で坂本の場合と決定的な違いがあり、曲げる操作は、これまでの平面計画が成り立つ論理的なマトリックスの変化であり、もっとも主要な現象は、空間が流動しはじめたことであろうと空間の流動に注目する。

実際に実感するのは円弧状の部分であるが、全体にひとつの往き来する循環を生み出して、しかもこの流れは連続した線というより、切れ切れの線分が方向を変えつつ連なる運動とリズムをもっており、建築は動く線分の集合になっていると指摘する。それはダイナミックなコンポジションになると指摘する。

動的コンポジションという新しい概念を付け加える。

この建築は、強い形式性にもかかわらず、実際には、外形が自立するというより、平行する2枚の曲面の静的な形態と、その内側の目に見えぬ絶え間ない動きの2つが組

合わさって成立すると指摘する。

この2つの部分は完全に相補的であり、このなかから要素としての「場所」が生じると述べる。

場所の性質に目を向ければ、この建築全体は動きとよどみの分布として構成され、この分布は変化するデイナミズムであり、決して固定していないとする。

家具を置けばある程度固定するが、潜在的にはどのような変化も可能であり、これに内部と中庭という対比（小さなサンタグム）を合わせてみれば、この建築には、さまざまな相にわたって同じような質の対比が働いていることが明らかになると述べる。

対比はひとつのサンタグマティックな要素であると指摘し、また流れとよどみにもっともよくあらわれているのは、一種の無限の感覚的なたわむれといってよいものだと言及する。

伊東の思考は、強固な外形にもかかわらず、決して実体にたより、絶対的なものに依存しないものであり、強固な外形はこれらの動くものを生み出すきっかけであり、操作であったと分析する。

この感覚のたわむれは壁そのものにも及んでおり、壁のもつ実体性を消し、均質な表面をつくりだし、その上に光と影を投げかけるとする。

結局、壁は一種の仮象的な性質をおび、これらの一切が内部をゆらめく幻影にかえるのであると述べる。

つまり、ここでは空間はひとつの凝結したメタファーであると指摘する。

ここでも仮像的なという言葉を使い、これ以後の伊東豊雄の建築の仮設性に進む方向性をすでに指摘している。

この世界はさまざまなそこにあらわれていないものの厚みによって裏打ちされており、このような感覚的な世界から、記憶が、いつ、どこでか、わからぬ古い記憶が呼びさまされるとする。それだけではなく、これはわれわれがいくつかの建築のなかで経験してきたものに通いあうものをもっており、これは夥しい建築の記憶から生まれてきた建築であるという。

「中野本町の家」の建築の魅惑は、この感覚的な世界にあるとし、この感覚的な味覚は追憶の味覚ではないだろうかと指摘しながら、もうひとつの相が同じ空間のなかにあると言及する。

それは追憶を切断すると述べる。

ここではあたらしくサンタグマティックな面にそって展開がはじまる。この大きな曲面（とくに凸面）の、形態にはある種の無機的な強さがあると言及する。

この形態が、いくつかの形態を呼びさますが、ひとつは直角をくりかえすリズムをもった壁であり、もうひとつは円形の大きなテーブルであり、両側の壁にかかる1本の細い蛍

光灯の線であり、これらの形態はいずれも明快な幾何学的形態であり、人間から隔たっていると指摘する。

つまり、一面では感覚的な幻影の空間は、もう一面では、これらの形態が、響き合う集合論的空間であるが、これらの形態間には、共通する部分がなく、しかも、これらの要素は、対立—選択という軸の上ではなく、対比—結合という軸だけをあらわしてくると指摘し、それがこの建築のエクリチュールであると述べる。

多木浩二は、この建築のなかで、この異質な形態を共存させ、複合した形態間の反響をつくりだす方法にもっとも興味をそそられたとして、無機的な形態のたわむれは、記号をその根底から壊していくたわむれであり、それは無機的形態であると同時に、壁であり、蛍光灯であり、テーブルであると言及する。つまり、まだ、意味に結びつかない具体物のあいだの新しい結合関係が、この建築の形式となってあらわれる可能性のように思われると述べる。

坂本とまったく違った軸の上に展開しながら、結局は、この軸の交差にエクルチュールがあらわれるとする。しかも、具体物をとりだすこと、いかにも機能しかもたないものをもちだすことが、実際には、非現実な意味の喚起力をもつ。そんな状態をつくりだしているのが、エクリチュールという形式であると多木浩二は結んでいる。

伊東豊雄の「中野本町の家」はサンタグマティック（統合）な面であり、要素間の関係は［対比］からパラディグムの系列へ広がる。

伊東豊雄の「中野本町の家」は、坂本一成の「代田の町家」の中性的な表情とは逆に、あらゆる部分が感覚的であり、意味の生じてくる過程も感覚的な世界のなかにあるということになるが、ここで着目すべきことは多木浩二の、「曲げることから、さまざまな現象、さまざまな要素が、かなり自生してきたと思われ、この操作は外形を与えるというより、根本的なトポスの変化をもたらすものであり、この出発点で坂本の場合と決定的な違いがある」という指摘のなかで、伊東豊雄の建築において「トポス（場）」の問題について語っていることである。

さらに感覚のたわむれは壁そのものにも及んでおり、壁のもつ実体性を消し、均質な表面をつくりだし、その上に光と影をなげかける仮象の空間であるとする。

結局、「壁は一種の仮象的な性質をおび、これらの一切が内部をゆらめく幻影にかえるのである」という指摘に後の伊東豊雄の建築における仮設性とエフェメラル（はかない、つかの間の）に向かう方向をもすでに指摘している。

中野本町の家｜東京都中野区｜1976
White U

全体が馬蹄形にたわめられた住宅の内部は、幅3.6m、高さ2.2～3.9mの片流れのチューブ状の空間を成している。壁の実体性を消し、均質な表面をつくりだし、その上に光と影を投げかけトポスに変化をもたらす。抽象化された形態を類推的に写すのではなく、身体化された感覚の表現が意識されている。

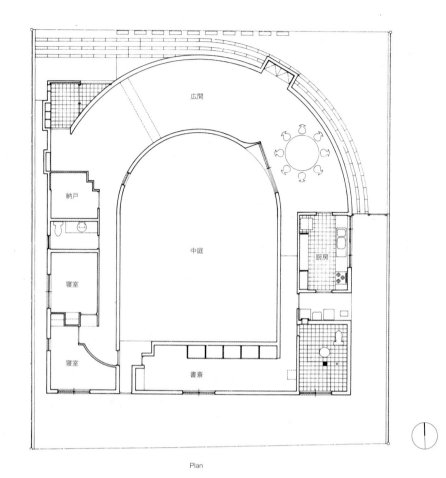

Plan

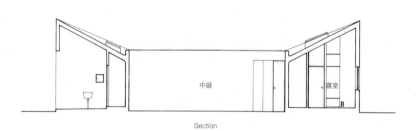

Section

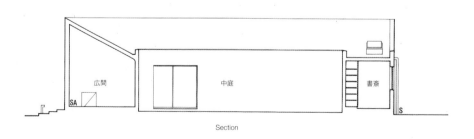

Section

平面図・断面図　縮尺1/250

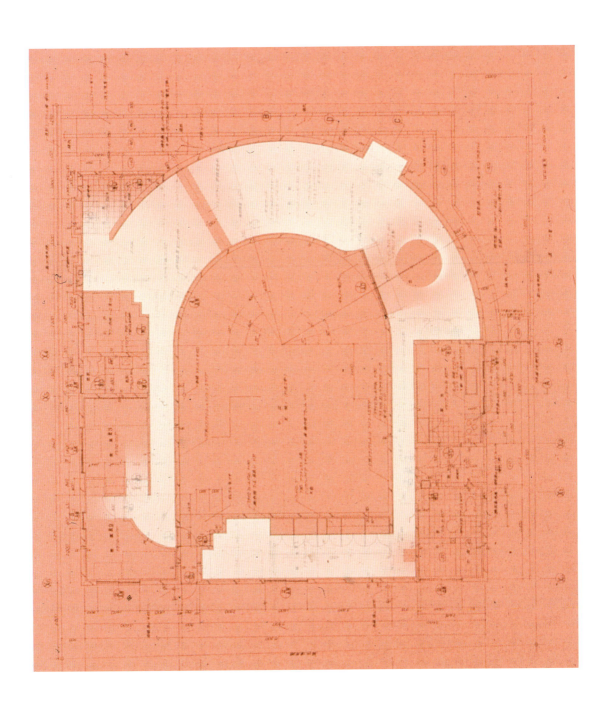

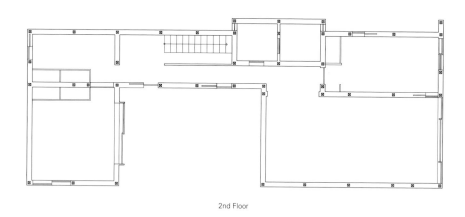

2nd Floor

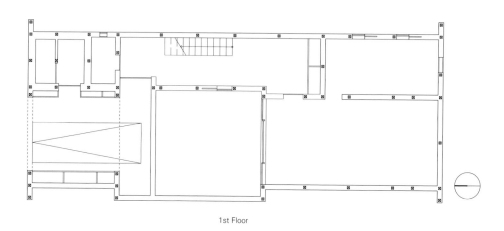

1st Floor

代田の町家(坂本一成設計、東京都世田谷区、1976年)の平面図。縮尺1/150。

66

Section

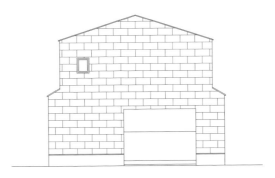

North Elevation

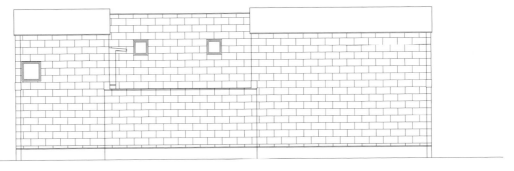

East Elevation

代田の町家（坂本一成設計、東京都世田谷区、1976年）の断面図・立面図。縮尺1/150。

第5章 ゆらぎの展開としての空間

最初の住宅建築である「アルミの家」（1971年）、プロジェクト「弧の余白」（1972年）では垂直方向に伸びており、形態も矩形であったチューブは「中野本町の家」（1976年）では中庭に向かって片流れの屋根を持つ曲線平面の住宅として曲がることになる。「黒の回帰」（1975年）と題された住宅作品がこの2つの住宅の間に設計されている。「黒の回帰」では住宅全体の形が家型に突然変化しているように見える。

このころ坂本一成や長谷川逸子も家型をした建築を設計している。

磯崎新、篠原一男、原広司といった、丹下健三に代表される戦後日本のモダニズムから、メタボリスト（川添登、菊竹清訓、黒川紀章、大高正人、槇文彦、栄久庵憲司）に至る高度経済成長を背景にした技術表現主義としてのモダニズムの展開に対して、批判的立場をとった建築家のさらに次の世代である伊東豊雄と同世代の、坂本一成や長谷川逸子は当時家型という住宅の形態の記号を建築の問題として追求していた。これはロバート・ヴェンチューリの建築の記号の問題と重なるとも考えることができるが、しかし伊東豊雄において「黒の回帰」は家型を建築外形の問題としたことよりも、この住宅では一見チューブは消失したように見えるが、チューブは2階の寝室と納戸廊下で家型が半分に分割され、片流れの天井を持つチューブとして引き続き連続して探求されていることに注目すべきであろう。

この片流れのチューブは「中野本町の家」では曲げられただけでなく、家全体がひとつの円環状のチューブとされたことで、空間としてのチューブは建築の要素ではなく建築そのものになる。

最初「アルミの家」では光を入れる天窓であったチューブは、プロジェクト「弧の余白」では個室に進展し、さらに「黒の回帰」では2階両側の寝室と納戸廊下が片流れの天井のチューブに変化し、「中野本町の家」では片流れの円環状の家全体にまで進展する。いつも建築的変身を時代の変化に敏感に対応しながら、華麗な建築の脈絡の変化として遂げているように見える伊東豊雄の建築的探求は、じつは自身の建築に生み出された小さな建築の可能性を執拗に追求することから成立していることがわかる。

「中野本町の家」では、それ以後の伊東豊雄の建築の展開として重要な要素として、建築の形態要素としての揺らぎが、中庭に面した開口部と円弧状の壁の接合部のディテールに発生している。

このことによって内側の曲がった円弧の壁面にわずかな乱流が発生することで、円環状の空間の流れの動きに、わずかに部分的な揺らぎが発生している。

このわずかな乱流による揺らぎは「PMTビル-名古屋」（1978年）では建築の決定的な表情としてファサードにおいて重要な建築的な問題提示となってあらわれる。

建築におけるファサードの本体からの遊離は西欧バロック建築において、ローマのボ

ロミーニによる「サンカルロ・アッレ・クワトロ・フォンターネ教会」のファサードに決定的な建築表現として提示されている。

このことを磯崎新が行った近代における西欧古典建築のマニエリスムの再生から伊東豊雄はバロック、さらにはロココ的軽快さへの進展として読みとることもできるが、そのことは建築という閉じた世界における歴史的変遷のメタファーとしての読み取りである。

伊東豊雄が「PMTビル-名古屋」において提示した、もっと重要な問題を見落としてはいけないだろう。

それはこのファサードの揺らぎがこの通りに吹く風、つまり都市の中の自然現象と感応しようとしていることが、伊東豊雄の次の展開への問題設定となっていることが重要である。

チューブ空間において僅かに発生した揺らぎは都市へ向かうことによって「PMTビル」のファサードの揺らぎとなって都市に吹く風の流れと連動しようとするように見える。

「PMTビル」は建築の自然との感応への願望を示唆していたといえるのではないだろうか。

ここはまだファサードの形態的な問題にとどまっているが、「シルバーハット」において自然との感応は屋根だけのある吹きさらしの半外部空間としてさらなる展開として引き継がれている。

黒の回帰｜東京都世田谷区｜1975
Black Recurrence

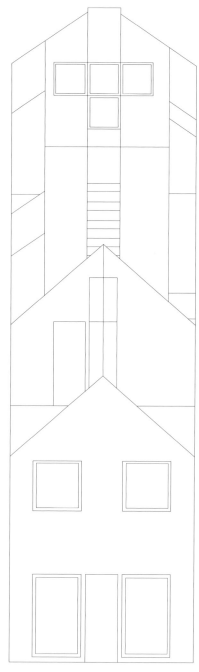

Axonometric Drawing

外観は左右対称の家型ファサード、黒い外壁と対照的な白い内部は形式性の強い構成が見られる。

平面図　縮尺1/100

PMTビル-名古屋｜愛知県名古屋市｜1978
PMT Building-Nagoya

ファサードの揺らぎは、街との応答を促すバロック化とも、
自然との感応への願望とも捉えられる。

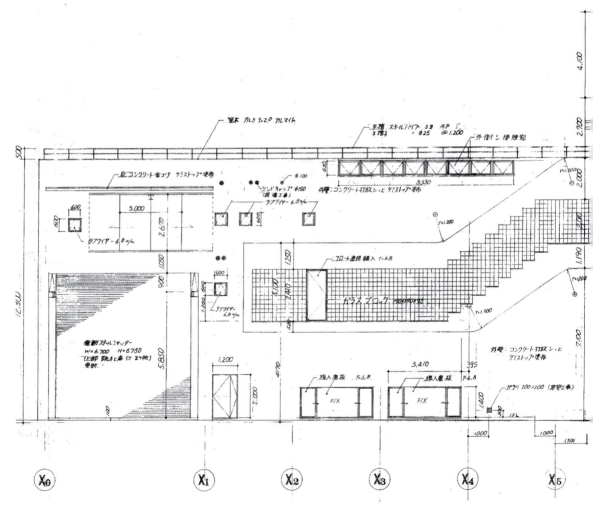

断面詳細図・立面図 縮尺1/180

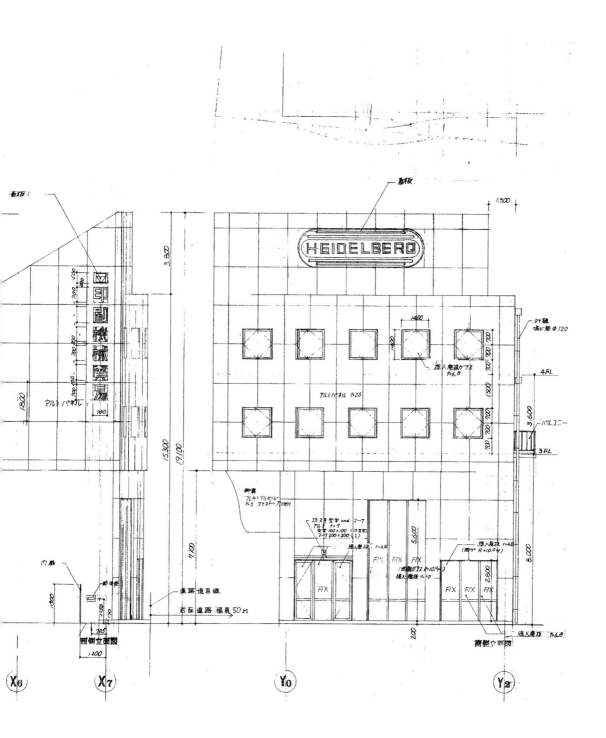

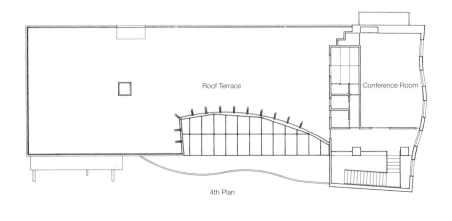

4th Plan

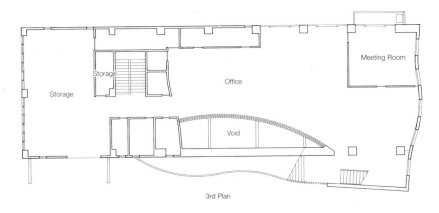

3rd Plan

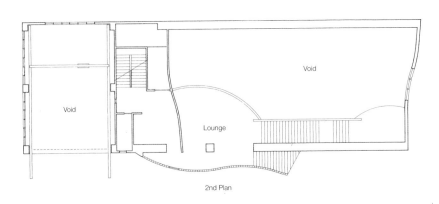

2nd Plan

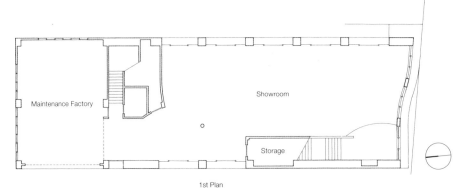

1st Plan

平面図 縮尺1/300

第6章 | 建築性の更新へ向かって建築の形式性からの逃走

伊東豊雄における「中野本町の家」以降の建築性の更新を整理してみることにする。
「上和田の家」（1977年）は「中野本町の家」（1976年）とほぼ同時期の住宅建築である。この住宅において伊東豊雄は「文脈を求めて」（『新建築』1977年6月号）という文章を書いているが、ここで注目すべきは「中野本町の家」における曲がったチューブの解体作業が行われることによって、流れの断片としての形態の統合がここでは試みられようとしていることである。
「中野本町の家」で伊東豊雄のチューブ空間のなかに流動性が獲得されることになる。伊東豊雄の最も独自な空間のひとつの到達がこの住宅で提示されるが、この住宅の細部には大きな円環の流れの中に乱流や微細な流れのゆらぎが見られる。
窓のまわりや入り口付近にはこれらが壁面の微妙な変化としてあらわれている。
多木浩二は伊東豊雄の建築の魅力として形の戯れを指摘している。
これらの形態要素は伊東豊雄の建築を感覚的な空間とすることのためにもちいられていると語っているのだが、これらの形態要素が「中野本町の家」では流動するチューブ空間に微細な場所の揺らぎを生じさせることで、チューブの円環運動に微細な乱流が生じる。
このことで円環運動のなかに微細な場が発生していると考えることができる。
こうしてチューブ空間は感性的なゆらぎを発生させることで部分的に柔らかい淀んだ場を生じさせることになる。
このモルフェーム（形態素）の戯れそのものが「上和田の家」では主題となっているように思われる。
S字とジグザグのモルフェーム（形態素）としての壁がつくる流れの淀みのようなホールが矩形の閉ざされた外形の中央部にあり、その空間はその周りに配された家族のための生活空間を柔らかく結びつける。この平面は篠原一男のキューブの中の亀裂空間を主題とした篠原一男における＜モダニズムの横断＞の時期の最高傑作である「未完の家」と平面構成の基本構造は類似しているが、「未完の家」における亀裂の象徴性の垂直空間の先につくられた立方体のヴォイドの空間の上部にある円形のトップライトの光の下には、篠原一男の空間性としての虚空のヴォイドとしての篠原一男の絶対的な空間を垣間見せる。
「上和田の家」では流動とゆらぎがせめぎあいながら混在する伊東豊雄の形態同士の相対的関係の空間を見せていると考えることができる。
しかしこのモルフェーム（形態素）による感覚の形態操作という、方法としては形式主義としての形態操作として捉えることができる建築から、離脱しようとする過程が1980年代の伊東豊雄の建築行為であると考えることができる。

1970年代における近代建築に対する批評的展開、これをポストモダニズムという言葉に置き換えることが出来るかもしれないが、日本においてはすでに1950年代に伝統論争としてモダニズムの批判的展開は始められていた。

1960年代を通して建築の技術主義が優位になると同時に、高度経済成長の祝典であった1970年の大阪万博では、建築の技術主義の未来像を展示したメタボリズムや、丹下健三によるスペースフレームのテクノロジカルな建築表現の先にあるはずのテクノユートピアが失効する。

つまり1970年の大阪万博はテクノロジカルな表現の先には人間にとって魅力のある建築はもう存在しないという逆説の祝祭の場でもあった。

オイルショックと成長の限界が追い打ちをかけた。

そしてそこから離脱した磯崎新と、日本の伝統から出発した前衛建築を展開していた篠原一男による近代建築の乗り越えの試みをめぐって、現代建築の探求は展開することになった。

1970年代の近代建築への批判的展開は建築の形式性をめぐって行われたと考えることができる。

建築における形式性と形態操作は、70年代における近代建築批判の方法として最も多くの建築家によって探求された。

丹下健三・菊竹清訓と磯崎新以後の建築を区別するのはまさに形式性と形態操作が建築の方法として認識されるか否かという点である。

1970年代の建築的展開を牽引した磯崎新は、手法論として建築の成立を形態操作という概念にもとづくルネッサンス後期のマニエリスムを近代的に解釈しながら、建築における形式性の空虚性そのものを現代建築の建築性として提示する。

この建築性としてのアンビバレントなアイロニーが磯崎新における建築の現代性であった。

アメリカのピーター・アイゼンマンは幾何学的形式性の操作として現代建築の探求を最も純粋に自身の方法として展開していただけでなく、当時の前衛的な建築家のほとんどがこの方法をめぐって近代建築批判を試みたといってよいであろう。

それらの形式性を建築の問題とすることに対して伊東豊雄の80年代前半の作業は、いかに自身も捕まえられていた形式性と形態操作から自由になるかということであったと考えることができる。

伊東豊雄はこのような形態操作という建築の思考の閉鎖性からの脱出を試みることになる。

このころつまり1980年初頭の「笠間の家」（1981年）から「P3コンファレンスのための

プロジェクト」、さらに「シルバーハット」（1985年）への変化には建築の形式性からの脱却を模索する伊東豊雄の展開のプロセスを見ることができる。
これらはまず自身の感覚の形態操作による形式化の袋小路に迷い込む危険性を孕んだ「上和田の家」の後に、形式化としての建築性というポストモダニズムの方法からの伊東豊雄の脱出過程を見出すことができる。

「笠間の家」は竣工直後に伊東豊雄の案内で学生であった私は何人かの建築学生と訪れる機会に恵まれた。平屋のギャラリーが、2階建ての書斎部分とアトリエと生活空間の部分とT字型のように組み合わされている。
その図形的形式性から、生活空間の部分では敷地の等高線を手掛かりに曲げられることによって、また直線状の平屋のギャラリー部分との接合部の入り口付近では、家型の外観がたたみ込まれるように反復されながら、住まい部分の壁面への衝突を吸収することによってT字型の形式から逃れようとしているように見えた。
ここに置かれた家具作家である早逝した大橋晃朗の家具が、伊東豊雄の空間と協同しているのを見て感じたことは、家具が住宅における住まい手の行為を連想させるものである以上に、まるで家具が住まい手と住宅の中間的存在のように単に道具というより、家具がこの住宅で会話したり、喜んでいたり、楽しそうに佇んだりしているように建築と関係していることである。
家具が空間と対話するオブジェとして感じられるのは伊東豊雄と大橋晃朗の組み合わせだけに感じられるのは何故だろう。　大橋晃朗は篠原一男の最初期のスタッフとして篠原一男が日本の伝統を問題とした時期の「白の家」の図面を作成している。
その図面は鉛筆によって驚異的な緊張感のある細く美しい線で描かれたもので、その後の篠原研究室の図面の描き方のバイブルとなっていた。大橋晃朗以上に美しい図面はそれ以後誰も描くことはできなかった。
その後、大橋晃朗は家具を対象として作品活動を探求することになる。

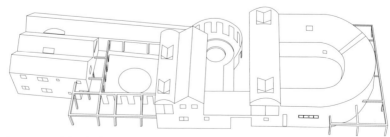

P3コンファレンスのためのプロジェクト　アクソノメトリック図

初期の家具は日本の伝統にある箱、あるいは台のような家具であり、日本の伝統には無い椅子はそれから後に探求を始める。

初期の椅子はシェカー椅子の復刻を通じて大橋晃朗は探求を始めたことに見られるように禁欲的なものであったが、スティールの線材による椅子「トウム」などにすでに人が足を組んでいるように2本の前足が交差している。

スティールの椅子「オマ」は小さなひじかけが両手を上げているように見え、どこか人間の形に通じるものをすでに制作していた。

その後アルミニウム板を接着したベニヤ板を組み立てたボード・ストゥールも銀色の平面だけでつくられているものの、どこか道具としての椅子であることを超えて、存在としてのキャラクターの影のようなものを備えているような、物以上の存在として空間と対話する。

伊東豊雄との協同を通じて大橋晃朗の家具も「ハンナンチェア」では皮膜が家具の要素として用いられ、ここでは家具そのものが存在することの喜びのようなものが生まれ出ているように感じられる。

大橋晃朗も椅子の形式から自由になってゆくと同時に、初期の家具がもつストイシズムの禁欲性から、生きる家具の快楽のようなものに進展してゆく。最晩年の大橋晃朗の家具は、まるでぬいぐるみのような親近感を持った姿に変身してゆくが、探求はここで大橋晃朗の早逝によって中断してしまうことになる。

おそらく大橋晃朗にとってこの展開は師である篠原一男の建築における幾何学的形式性からの離脱であり、伊東豊雄にとっても建築の形式性からの離脱が空間と家具の対話のような親密な無言劇のような空間としてあらわれたのではないだろうか。

大橋晃朗は以下の言葉を残している。「皮膜は家具をいっきょに官能快楽という人間の身体に揺れ動く、非定型なところまで膨らんでゆくように思われるのです。家具は身体をどう置くか、あるいは身体のある場所全体をどう眺めているかという、身体のありようへの感性を根元にしています。」（『デザインの現場』1986年6月号）。

ふたりとも身体性を通じてフォルマリズムの形式性の閉塞から逃れて自由になろうとしていたように思う。

大橋晃朗の遺作展で伊東豊雄が「大橋さんありがとう」と心から協働の感謝を述べておられたことを思い出す。

ドミノ、仮設性、皮膜性、身体性は伊東豊雄が建築の形式性から離脱するための方法となった。

80年代前半に篠原一男研究室に在籍していた私は、何度か伊東豊雄が模型の箱を携え訪れて篠原一男と、時には多木浩二を交えて篠原一男の部屋で論議を交わしていた

ことを思い出す。

論議の内容についてはどのようなものが交わらされていたのか当時は知るよしもないが、この模型は「シルバーハット」と名づけられることになる伊東豊雄の自邸であった。「シルバーハット」は「中野本町の家」と連続する敷地に建てられている。

初期の案と最終案の劇的ともいえる変化は篠原一男、多木浩二との交流のこのプロセスで生まれたのではないかと想像できる。

初期案はアメリカの建築家ピーター・アイゼンマンが主催するP3コンファレンスに磯崎新の誘いで参加した時にプロジェクトとして発表されている。

この時点では複数の家型のヴォリュームが操作的に組み合わされた住宅となっている。

しかし最終案においては「P3コンファレンス案」とは全く異なり、浅いヴォールト状の鉄骨の屋根により、建築が軽さを獲得するとともに仮設性が提示される。

この時に細長いチューブ状の伊東豊雄の最初期から連綿と続く空間が一旦消える。

チューブがふたたび登場するのは「せんだいメディアテーク」（2000年）において複数の水平スラブを貫く揺らぐ垂直のチューブの出現を待つことになる。

しかしチューブが消えた「シルバーハット」が提示した軽さと仮設性は、東京という高度なテクノロジーに支えられている巨大な現代都市であるにもかかわらず、本質的には仮設性の都市に向かって建築を開いてゆくことであった。

そして「シルバーハット」によって伊東豊雄は建築における形態操作と形式性から逃れる。

70年代の日本の住宅は篠原一男の住宅建築に顕著なように、都市空間に対して閉じることによって都市に連接する。

そのために都市に対して物理的に閉ざされた住宅の内部に、非日常的な虚構世界を成立させることになる。それは強い自律した世界を幾何学性の強い外観ヴォリュームの内部に埋め込むことによって、作品としての住宅となることで都市との反関係という連続性を築いた。

反関係とは都市の現実から閉じることによって都市との関係を連続させるという逆説的方法のことである。

「シルバーハット」は軽く浮いた屋根とアルミニウムの薄い壁によって、80年代の日本の住宅の新しい軽やかな自由さに向かう方向性を示した。

そしてさらに重要な問題は、建築における「空間」の問題から「場」の問題に主題をシフトしたことだと考えることができる。

それはわたくしたち日本人の根底にある「場」を成立させるための幔幕の仮設性の意味を蘇らせる。「シルバーハット」が多くの外国の建築家にとって興味深い建築として評価されたことは、非西欧的空間性としての「仮設的な場」という空間性に対する、西

欧の建築家にとっての新鮮な空間であることに関連していると考えることができる。
1990年頃に東京と名古屋での講演会のために来日したベルナール・チュミは私に日本の現代住宅として東京で訪ねたいものとして「シルバーハット」を見たいということで、彼を伴って伊東豊雄の自邸である「シルバーハット」を訪ねたことを思い出す。

形態操作と形式性からの逃走は軽さと仮設性としての建築である「シルバーハット」だけでなく、同時期に一見全く異なったもうひとつの住宅によっても追求されている。
ドミノと名付けられた住宅である。
ドミノとはル・コルビュジエのモダニズム住宅の基本として提案され、1930年代にはモダニズムの住宅の最高傑作のひとつである「ヴィラ・サヴォア」を生み出した、床スラブを柱が支えるコンクリート架構システムである。当初はヨーロッパでの第1次世界大戦の復興のために、ドミノシステムとして壁には戦争により破壊された建築物の瓦礫を材料として再利用するという戦災復興のためのものであった。
伊東豊雄のドミノは鉄骨の柱梁でスラブを支え、外壁はコンクリート型押し成形パネル貼りという現代の工業製品を組み立てるという点で、1920年代に提案されたル・コルビュジエのドミノとは異なっている。
この差異は1940年代にル・コルビュジエがジャン・プルーベと共に探求した工業化住宅と、日本で独自に発展した商品化住宅と呼ばれるプレファブリケーションの住宅と比較すると見えてくるものがある。
商品化住宅は日本で住宅メーカーと呼ばれる企業が商品化して販売される現代の最もポピュラーな住宅のひとつである。ハウスメーカーのカタログから選んで可能な範囲でのアレンジをすることで個別の家族に対応した住宅としてつくられる。工業製品のアッセンブルによって全体ができあがっており、住宅としての性能とイメージのコストパフォーマンスのバランスの良さが商品価値である。
伊東豊雄のドミノもすべてが工業製品のアッセンブルであるが、ドミノによって伊東豊雄は住宅における作品性から逃れ、建築家の作家性に対して逃れることで建築家としての活動のスタンスを広げようとしたのではないだろうか。
ドミノは女性雑誌にも紹介されて多くの問い合わせが殺到したようである。ハウスメーカーの住宅にしようかと迷っていた女性にとって、建築家による現代住宅に気軽にアクセスできるものとして映ったのであろう。
ドミノはしかし住宅から出発してその後公共建築を手がけることになる伊東豊雄に新たな飛躍をもたらすことになる。

上和田の家｜愛知県岡崎市｜1976
House in Kamiwada

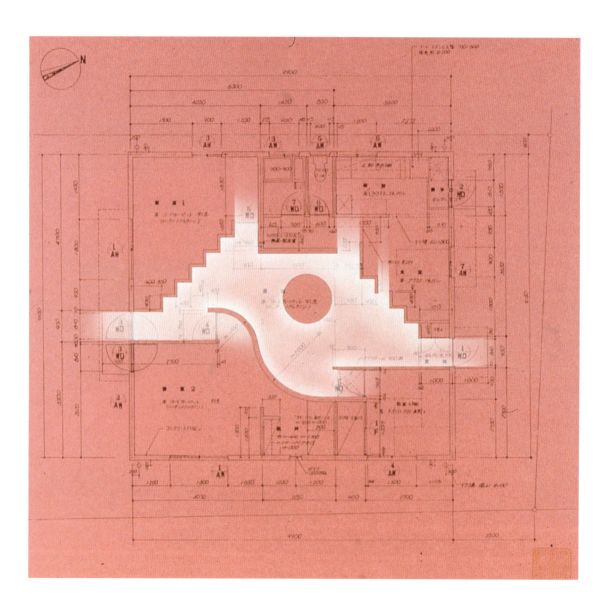

S字カーブとジグザグの形態素による壁面がつくり出す空間の揺らぎ。

小金井の家｜東京都小金井市｜1979
House in Koganei

ル・コルビュジエのドミノシステムを参照しつつ、現代の工業製品である鉄骨の柱梁でスラブを支え、外壁はコンクリート型押し成形パネルを貼る。

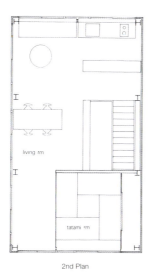

2nd Plan

1st Plan

平面図　縮尺1/150

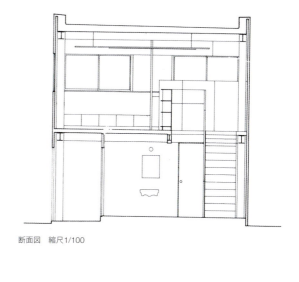

断面図　縮尺1/100

91

笠間の家｜茨城県笠間市｜1981
House in Kasama

1階にアトリエと寝室、2階に居間・厨房、ギャラリーが配されている。
エントランスへのアプローチでは、家型の外観がたたみ込まれるように反復する。

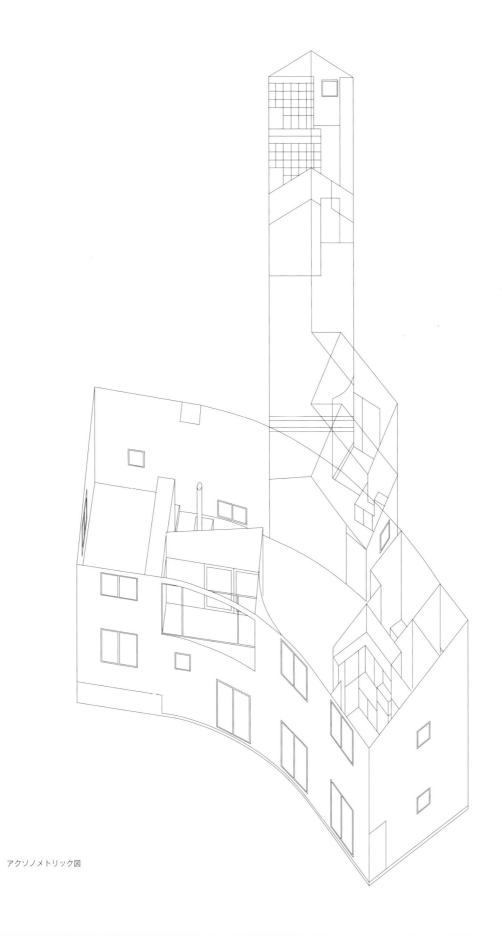

アクソノメトリック図

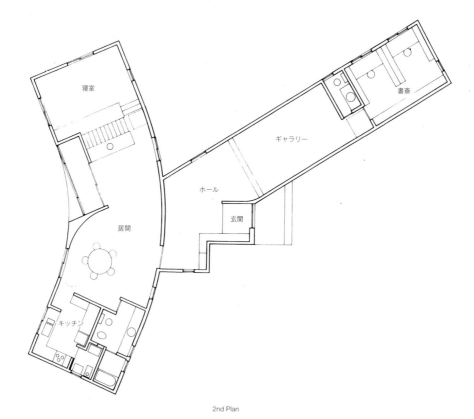

2nd Plan

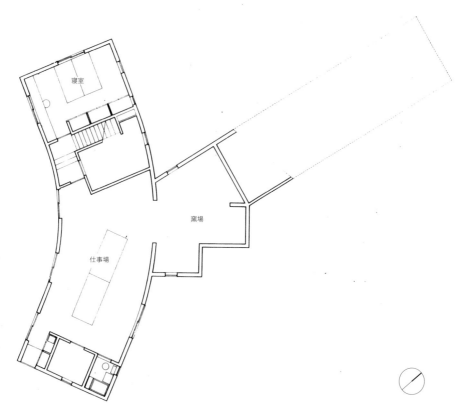

1st Plan

平面図　縮尺1/200

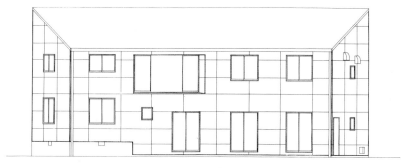

South Elevation

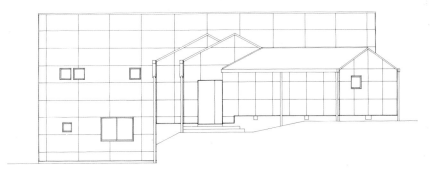

North Elevation

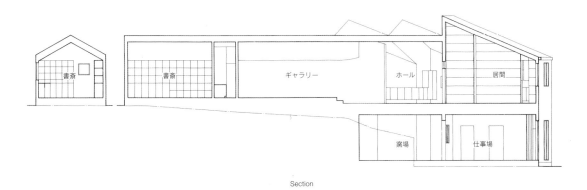

Section

立面図・断面図　縮尺1/200

99

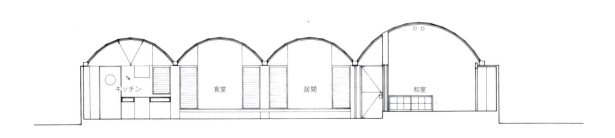

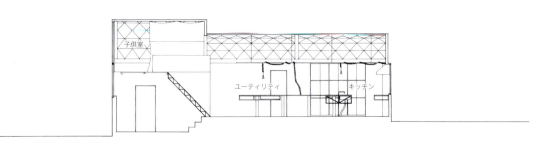

断面図　縮尺1/150

アクソノメトリック図

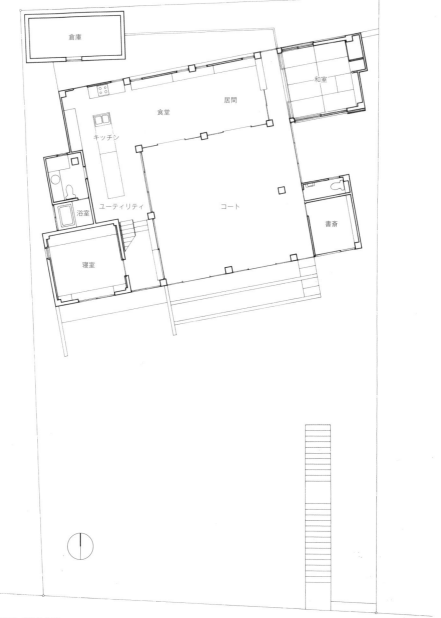

平面図　縮尺1/200

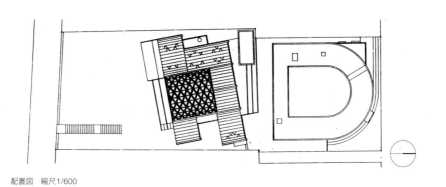

配置図　縮尺1/600

シルバーハットと中野本町の家。

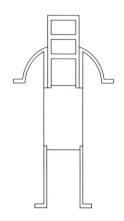

「ピト」（デザイン：大橋晃朗、1978年）

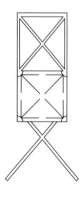

「トゥム」（デザイン：大橋晃朗、1978年）

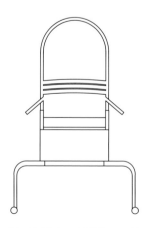

「オマ」（デザイン：大橋晃朗、1978年）

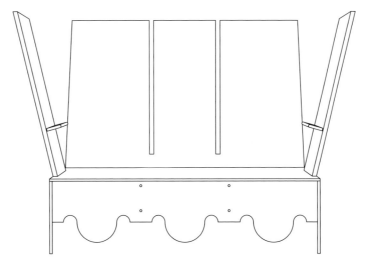

「バード・ローズ」(デザイン:大橋晃朗、1981年)

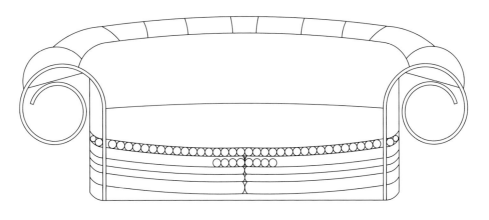

「ハンナン・チェア」(デザイン:大橋晃朗、1985年)

第7章 | 消費社会の中で

伊東豊雄の現代建築の探求は建築を成立させる前提としての社会との関係について、1980年代の半ば以降のバブル経済と呼ばれた状況に対しても建築は成立するのかという問いかけとして進んで行く。

1989年「消費の海に浸らずして新しい建築はない」（『新建築』1989年11月号）という文章を新建築誌によせている。

1986年12月から1991年2月はバブル経済と呼ばれた狂乱の時代であった。

製造業への設備投資に銀行が融資することで経済成長を続けてきた日本の高度経済成長が終わった。製造業が設備投資に対して慎重にならざるをえなくなった。製造業の生産拠点が人件費の安い中国や東南アジアの発展途上国へ移動することがはじまった。

そのようななかで経済のグローバル化の波を乗り越えるために金融資本が不動産投資に走った。

不動産は高騰しその登り坂の途中で不動産を買い、売り飛ばせばまるで株で一儲けするのと同じように莫大な利益が転がり込み、それを元手にまた不動産を買い占め、それを担保にさらに大きな融資を得て不動産を買い占めるという状況となった。

銀座では1坪の土地価格に1億円の値がついた。

高価になった土地を持つ弱小の個人は高額な固定資産税が払えなくなり、その土地を手放さざるを得なくなる。それを不動産会社が取りまとめて買取ると資産評価は天文学的数字になり、それをさらに高値で売り飛ばす。

そのような経済状況の中で大都会の建築は流行のように消費されるものとしてつくられていく。膨大な額の土地の値段に対して建築への融資は微々たるものだから土地さえあればいくらでも建築はつくることができる状況になった。

建築は20世紀前半の建築の生産の時代から、20世紀後半の建築のバブル消費の時代になったのである。

そのような状況の中でも伊東豊雄は建築が消費されることに浮かび流されそうになりながらも、新たな建築の可能性を追いかける。

それも消費経済の狂乱のうねりの波の中で。

バブル経済真っ盛りの頃の伊東豊雄の言葉を、「消費の海に浸らずして新しい建築はない」から要約してみる。

> まったくこの5年ほどの間に建築の、社会における存在の意味は変わってしまった。その状況は建築家自らが、こうした現象に肯定的であるか否定的であるかといった意識のレベルをとうに超えている。TVや雑誌、IDにしろグラフィックにしろコマーシャルなデザインやファッションの領域、そして芸術ジャンルでも、音楽や映像そ

して文学の世界でも、それはとっくに日常化している事実である。たまたま建築はその耐用年限が長いとか、それが土地に根をはった不動の存在であるといった理由から、消費されないと考えられていたのであろう。だが社会のあるいは資本のサーキュレーションのあまりにも急激な動きは、建築家のほとんどすべてを巻き込んでしまった。表層化、記号化などと批評的に叫んでいるよりはるかに速いスピードで都市空間そのものが記号化、表層化していったのである。だからこのような状況が建築家にとって危機的であるとしたら、それは建築家が消費社会を否定して生きられるかという問題でなく、建築だけが消費の外にあり得るという思いを、建築家がどれほど徹底的に捨て切れるか、という認識にこそまずあるべきではないだろうか。[1]

さらにこの当時の建築に関する言葉は以下のように語られている。

このような時代には形態の良し悪しとか、オリジナリティの有無を議論してみてもはじまらない。ヒラヒラの形が多少右に傾こうが左に傾こうが何の意味もないし、ヒラヒラの形をイメージしたのはオレの方が先だと主張してみてもこれまたなんの意味もないだろう。要するにヒラヒラは形というより時代の空気みたいなものでしかない。この情報を含んだ空気はファッションや流行語と同じ速さで巷に伝播してゆく。どこの家庭のTVからも同じアイドルスターの同じメロディが流れ、どの女性雑誌からも同じイメージのファッションがグラビアを賑わしているように、ヒラヒラ建築もまた建築雑誌を賑わし、ファッショナブルなブティックの並ぶストリートを賑わす。それはごく当然の現象だ。建築家がそれに関わろうが関わらなかろうがそんなこともまったく関係のないことだ。嘆こうが嘆くまいが建築はもはやそうした存在なのだし、建築が社会的な存在であるという事実を断ち切れない以上、それは建築にとって不可避な道なのである。それに社会は、われわれの想像しているよりもはるかにドライにラディカルに動いている。だから私はこうした現象になんらフラストレーションを抱かないし、こうした現象を嘆こうとも思わない。私の関心はしたがってただひとつ、このような時代にも建築は建築として成り立つだろうか、という問いである。いかにこの消費的状況で建築するというゲームを楽しもうと、この問題だけは絶対に外すことができない。
建築がファッションとほとんど同化し、建築家が、インテリアデザイナーはいうまでもなく、グラフィックデザイナーやコピーライターと見分けがつかなくなりつつある状況だからこそ、そうした消費的状況の内側で徹底的に建築成立の可能性を問うことには意味があるように思われるのである。つまりいま建築という存在の枠（ト

ポス）は大きく変化しつつあり、その周縁で建築がなお建築として成り立つか否か
を問うてみたいのである。なぜならば、常に刺激的で生き生きとした建築は、建
築を成立させる枠を広げることによって、その縁から生じているように思われるか
らである。建築といえる土俵に消費という言葉を掲げながら揺さぶりをかけて、多
少なりとも突き崩したりふくらませたりしながら、そのわずかなクラックにどのよう
な建築を滑り込ませることができるのかを確認してみたいのである。[2]

消費社会における建築の建築性とはどのように可能かという探求が伊東豊雄の問題で
あったと考える。
バブル経済の前夜の東京で、私は偶然空間プロデューサーと後に呼ばれることになる
人たちと知り合った1983年ころであったと思う。場所は西麻布のビルの地下であった。
後にカフェバーと呼ばれる流行空間としての東京発無国籍の飲食店である。
本来飲食店は都市の中の食事空間であり、その基本は食事をするための場所である。
しかしCoolie's Creekという名前のそこは、流行空間に身を置き、流行の空気を感じ
ることを消費するバブルの時代を予感させる場所であった。
そこは流行というとらえきれない気分のようなものを消費する空間である。
大学院生であった私には異次元の空間であった。
そこでは当時イギリスで東風などの東洋風のロックミュージックを演奏していたJAPAN
のメンバーであったデヴィッド・シルビアンや東京風のテクノ・ミュージックで一世を風
靡していたYMOのメンバーであった坂本龍一などを見かけた。
まだメジャーになる前の山本耀司のスタッフがいたり、三宅一生のファッションを撮影す
るというカメラマンや、資生堂のポスターのカメラマンである横須賀功光のアシスタン
ト・カメラマンと知り合いになった。
ベトナムの農民が冠る傘のような帽子を頭に乗せ、チャイナ風のドレスをまとったウェイ
トレスが無国籍料理とジャスミンの香りのするお酒を運んでいた。
コンクリートを白くペイントしただけの壁には人工照明の丸い月が浮かびその前に和風
の生け花が添えてあった。
この空間を企画、デザイン、運営していた空間プロデューサーと後に呼ばれることに
なる人たちは、日本の1970年代以降のファッションデザインの中で世界的に注目さ
れるようになる三宅一生や山本寛斎の次の世代である山本耀司やコムデギャルソンの
川久保玲などよりももう一世代若い人たちであった。洋服のデザイナーとして洋服の
ファッションをビジネスにするにはすでに後発であり、上は詰まっていた。しかし彼ら
は流行を身に纏って行く場所としての空間が東京には皆無であり、東京にはそんな場
所が彼ら自身と彼らの仲間たちのためにも必要であることを、流行都市生活者として

の感覚的な本能として知っていた。

彼らは本来ファッションデザインや音楽を志していたが、その領域での流行から身体の外の空間に流行を広げ、流行の空気空間を表現する場所へと拡張するということを無国籍な飲食空間で実行していた。

東京という流行消費都市での新しい自分たちの空間をつくることと同時に、流行空間の消費というビジネスの領域を立ち上げていた。

この流行空間でひとりの空間プロデューサーから、篠原一男研究室の先輩である家具デザイナーの大橋晃朗のボードファニチャーの展示を打診されたことがある。

当時大橋晃朗はボードファニチャーを発表したばかりであったが、その無国籍としての日本的な感じが当時の無国籍東京の流行空間と同位相に見えたからであった。

大橋晃朗は頑なに拒絶した。

そして大橋晃朗はなぜこのような流行空間とは距離をおいたところで自身の家具の探求があるのかということを、後輩である私に2時間以上も丁寧に誠実に、銀座の小さなギャラリーの展覧会場の控え室で説明してくれたことを思い出す。

彼は家具は本質的に流行空間に置かれればそれに覆い尽くされて押し流されるほど小さいものであり、飽きられればゴミとして捨てることなど簡単にできるものであることを私に語った。

彼の家具の探求はそのようなものではない、空間としての存在の探求であることを私に教えてくれた。その時私は大橋晃朗が建築として家具を探求しているのだと理解した。

今では大橋晃朗の家具を80年代半ばの流行空間の中に置かなくてよかったと思う。

伊東豊雄の「レストランバー・ノマド」（1986年）はこの流行空間のすぐ近くに建てられた。ほとんどのここを訪れた流行に敏感な人たちは、伊東豊雄が当時問題としていた現代の建築のありようとしての建築性の探求であったことなど理解することなく、この建物の皮膜性と仮設性がもたらす都市の中のつかの間の空間消費の快楽を満足させたのだろう。

しかし私はここに建築の形式性から逃れ消費社会の荒波にもまれながらも、建築に向かおうとするときに探求された建築性として仮設性と皮膜性があったのだと考える。

バブルの頃「レストランバー・ノマド」の近くの西麻布の広尾通りにはロンドンのAAスクールのナイジェル・コーツの建築が2棟隣接した敷地にできていた。そのうち1棟は建築ができてからもテナントのいない空きビルとして建っているだけだった。

その向かいの安藤忠雄の打ち放しのコンクリートのビルの地下のバーのインテリアもナイジェル・コーツのデザインしたものだった。

バーナード・チュミがAAスクールで教えていたころの学生だったということもあり、飛行機の翼の断片が天井に取り付けられ、飛行機の座席が客席であったそのバーを来日したチュミと訪れたことがある。ナイジェル・コーツは自身の建築グループをNATO － narrative architecture of today（今日の説話）としての建築と呼んでいたのだが、そのようなコンセプトと無関係に、東京は建築を時代の空気として消費するバブル都市であった。

第7章出典
※1　伊東豊雄「消費の海に浸らずして新しい建築はない」（『新建築』1989年11月号）
※2　同上

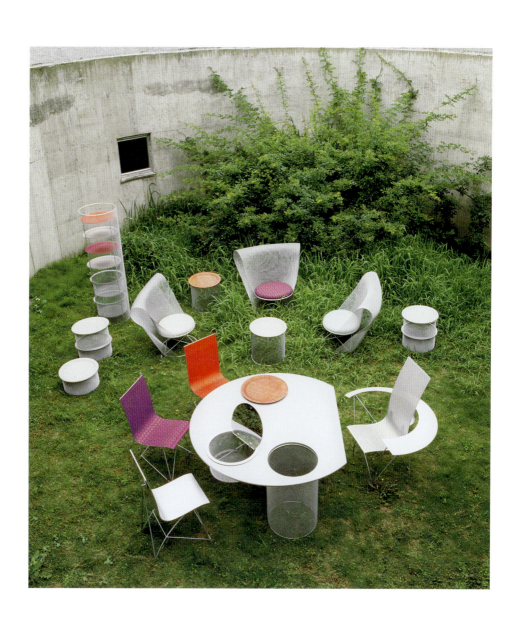

東京遊牧少女の家具　FU-FU,FU-LA,FU-MIN。中野本町の家の中庭にて。

レストランバー・ノマド｜東京都港区｜1986
Restaurant Bar "Nomad"

期間限定、仮設的につくられたレストラン・バー。法規的、経済的に可能な最大限のボリュームを鉄骨フレームの構造体と、布やエキスパンドメタルの皮膜でつくった。

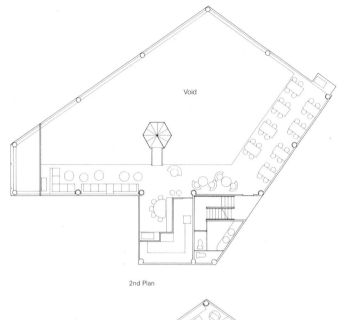

2nd Plan

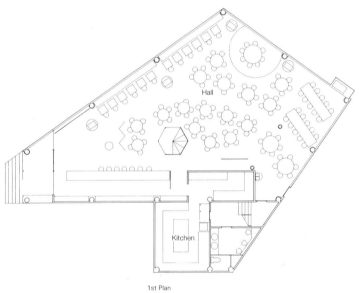

1st Plan

平面図　縮尺1/300

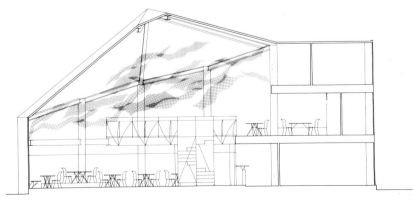

断面図　縮尺1/200

東京遊牧少女の包｜東京都渋谷区｜1985
Exhibition Project for Pao: A Dwelling for Tokyo Nomad Women

外で食べ、外で遊び、家では軽食・情報収集・メイクをするのみという「遊牧少女」の生活を
少しシニカルにイメージしたインスタレーション。

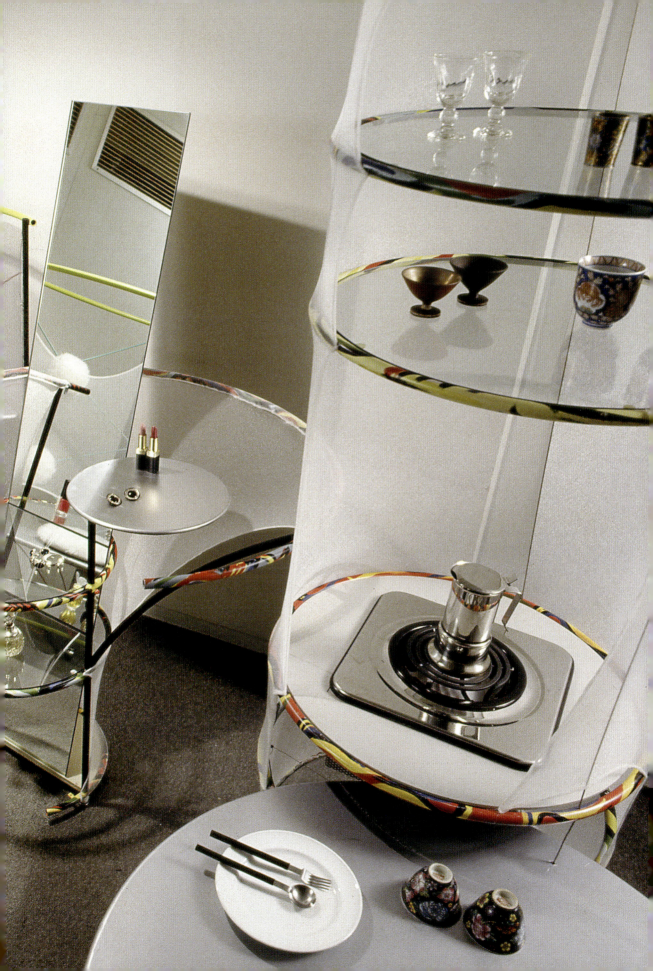

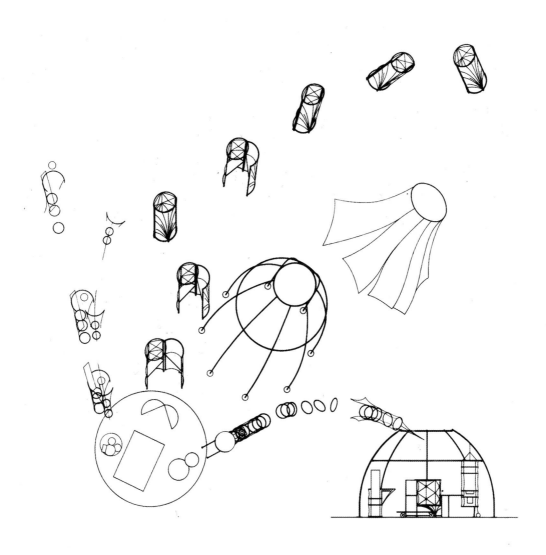

第8章	伊東豊雄　近代人の建築から現代人の建築への移行過程 ［アンドロイドのためのエスプリヌーボー（新精神）］

エスプリヌーボー（新精神）とはル・コルビュジエが提唱した近代人のための新しい精神である。

これは機械時代の人間の精神のことである。彼はこの名前の雑誌「L'Esprit Nouveau」（1920-1925年）を通じて近代の新しい人間の生き方を示した。機械時代の美学、機械時代の建築、機械時代の都市を提示した。

伊東豊雄は現代人をアンドロイドと表現している。

これは近代の始まりである19世紀末から20世紀初頭の人間、つまりテクノロジーとともに生き始めた人間である機械技術（マシンテクノロジー）を駆使する近代人（モダンマン）の進化した人間像で、現代のテクノロジーである電子通信技術や遺伝子・バイオ技術に囲まれた世界で生きている現代の人間のことを、アンドロイドという言葉は示していると考えることができる。

携帯端末を持ち、日常はアルミニウムと合成樹脂の複合シートのパッケージに包まれた食品を電子レンジで温めて、サランラップに包まれた野菜サラダを食べて情報端末から流れる音楽を聴いて生活する。今は当たり前のどこにでもいる現代人は、高度なテクノロジーと一体としてしか生活がなりたたない人工人間（アンドロイド）である。

SF的に表現すれば彼は眠れない時には羊を数えながら眠るのではなく、電気羊を数えながら眠りにつくかもしれないが、現代ではそれは当たり前の日常を生きることである。

それぞれの時代において建築家たちが人間をどのように認識しているかという問題は、建築が人間とどのような関係の中で思考されるのかに対して重要な事柄であり、人間に対して建築がどのように成立するかという問題であり、建築の本質に係わる問題である。

伊東豊雄は「ロマネスクの行方（篠原一男氏の住宅について）」という文章のなかで、

> 篠原一男氏のすべての住宅は、乾いた言葉と笑いの向こうにある人びとの固い沈黙の表情、すなわち世界の内にあっての孤独さをいやというほどに噛みしめた地平に成立している。[1]

という言葉を発している。

現代の人間の孤独に対する認識は単に現代建築家の孤独ということにとどまらない。

高度経済成長という経済的な豊かさの上昇気流のなかにあっても、心の深くに入り込む現代人の孤独は、経済の力によって都市の未来を表現する建築に疎外され無視されるひとりひとりの生きる人間の孤独であった。

それは住宅の芸術としての存在にかけることのみによって、建築からの人間の疎外に立ち向かおうとする建築家・篠原一男の孤独であった。

絶望的であるが、芸術であることでしか住宅は人間に対して意味をもたないという思想家としての、建築家である篠原一男に対する伊東豊雄の共感である。

それは現代の根本的な、建築からの人間の疎外に対する伊東豊雄の言葉である。

この地点から建築の探求を始めた伊東豊雄において、現代人をどのように認識して建築を探求してきたかを整理してみることにする。

西欧では古典建築において、すでに人体のアナロジーとして建築のオーダーが扱われている。理想的身体のプロポーションが建築の建築性としてのプロポーションの美を保証するものとされる。

そして近代的身体とは抽象的身体であるという認識に基づくことによって、近代建築は住む機械（マシン）としてつくられる。その意味でル・コルビュジエの提示したモデュロールという寸法体系は、近代において「住宅は住む機械」と定義した彼にとって、人体は機械であり、人体の寸法から割り出したモデュロールと呼ぶ寸法体系をもとに建築の設計をすることにより、人体を動作する機械として認識することで、それに対応した住まいを機械的動作のための空間機械として設計する方法論であったと考えることができる。

ユニバーサル・スペースを提唱して近代の均質空間を提示したミース・ファン・デル・ローエの、あらゆる人間の行為を可能とするユニバーサル・スペースという空間概念の背後には、定量化して抽象化可能な人間として「ダス・マン（Das Man）」（ハイデッガーが指摘した人間像で、人間を普遍的なものとして個別性を排除する非人間的に表現する言葉）が想定されるという指摘もある。

例えば建築を思考するときの人間の視線について、それが都市空間を構想する時の群集の視線として、伊東豊雄は戦後日本を代表する世界的建築家である丹下健三について語っている。

丹下健三の想定する人間の視線は群衆としての人間としてのものであることを感知し、国家のモニュメントや国家の慰霊、祝祭空間、さらには未来都市を構想する時、計画者の視点は鳥瞰的な視点から群衆としての人間の視線に対するものとして建築を構想する。そしてこの時に建築は不可避的に人びとから見上げられるものとして設計される。さらに伊東豊雄の言葉を続ける。

　　毎日変化しているようでいて、昨日とまた同じ繰り返しのなかを人びとが歩く。行き交うその姿は無表情で、ほとんど感情を伴わずに発せられる言葉と笑いの無数の群れのみが軽く舞い上がって、淀んだ空気のあいだに消える。人びとの行き交う通りの傍には多くの建築がつくられたし、今日もつくられる。しかし舗道に散る

133

落葉のような言葉と笑いを、「人間」あるいは「生活」という曖昧で偽りに満ちた
生暖かさで覆ってしまうか、それともその背後にたえまなくつきまとう人びとの孤
独の影を読み取るかで、建築をつくるべく世界に向けられた眼差しは一瞬のうちに
測りがたいほどの距離をもってしまう……
「都会—閉ざされた無限。けっして迷うことのない迷路。すべての区画に、そっく
り同じ番地がふられた、君だけの地図。だから君は道を見失っても、迷うことは
できないのだ。」（安部公房『燃えつきた地図』より）
不条理としかいいようのない繰り返される逆説のなかに、荒涼とした都市の均質さ
と渇きと、そこに生きざるを得ない人びとの疎外の状況とが見事にある。[※2]

ここには都市を鳥瞰する視線ではなく、都市の中を彷徨よい生きるリアリティが、つく
りあげられるべき建築から疎外された建築家自身の彷徨する視線が、伊東豊雄によっ
て語られている。

篠原氏がいま描こうとしている今日の都市もまた、群生する樹木のように多様な
記号が幾重にも重なって浮遊する空間である。それは多木浩二氏の指摘するよう
にまさしく〈生きられた都市〉であり、隣接し、無秩序に並列した多くの事象の間
を主体がよぎることによって出来事の断片が切られ、モンタージュされ、はじめて
意味が〈関係〉づけられるだけの空間である。かつて〈中性的な乾いた〉と呼ばれ、
いま〈第三人称の横断〉すると呼ばれる空間こそ、このような都市を表徴する空間
ではなかろうか。[※3]

篠原一男によってつくられた住宅の内部空間に展開されたのは、篠原の提示した現
代を生きるための空間としてのもうひとつの都市である。それは住宅の外部に広がる
無秩序な都市に近代の個人が生きる存在として対峙するためのもうひとつの空間で
あった。
伊東豊雄は菊竹清訓のメタボリズムの技術主義の先に構想され、人間から離れて行く
建築から離脱して、自身の初めての住宅作品である「アルミの家」を1971年に完成さ
せた後、「URBOT-002」、「URBOT-003」、という名前の一連の住宅のプロジェクト
を発表している。
これらのプロジェクトに共通しているのは、デビュー作であるアルミの家の外形である
頂部に長いチューブが取り付けられたシェルターが、小さな個人サイズにまで縮小され
て、眠るためだけのカプセル状の装置のようなものとされていることである。
今から考えるとこれは20世紀後期の人間であるアンドロイドの孵化器であったのかもし

れない。

20世紀初頭の人間は科学技術文明の発明である機械社会に対応して機械人間となることで近代人となった。

20世紀後半の人間は科学技術のさらなる進展が生み出したコンピューターと情報社会に対応することで、現代人つまりアンドロイドに生まれ変わるためこの孵化器のなかで眠りについていたのかもしれない。

　　このカプセルの長い筒には登録番号が刻み込まれ、外部空間からも表札なしに各
　　個人の所在を確認しうるのであった。さらにこのカプセルは所有者の生涯を通じ
　　て使用され、紛失、盗難などの場合は再登録が必要とされた。また所有者の死
　　亡に際しては、カプセルのなかにオイルを注ぎ、トップライトのドームをとりはず
　　すと、カプセルは焼却炉となって、そのまま火葬にふされ、塔の部分のみを地上
　　に出して埋葬される。即ち国民番号はそのまま法名となって、筒は墓標と化する。
　　ベッドカプセルはこのようなエコーシステムにのって生産された。現代の住居は
　　その内部にあまりにも多くのものを持ち込んで身動きできなくなってしまっている。
　　それにもかかわらず、提案されるカプセルはすべて宇宙船のような極限の空間の
　　なかに、なお一層あらゆるエネルギーと情報端末を持ち込もうとしている。あら
　　ゆるコントロールを逃れる最後の逃避場であったはずの個室までもが、カプセル
　　というメカニカルな美名のもとで管理されるのはURBOTにとって耐えがたいこと
　　であった。したがってURBOTは自己の空間からすべてを吐き出し、残された形
　　骸としての空間のみとの関わりを再開しようと試みる。002のベッドカプセルにも
　　ぐり込んだ人びとは、はるか上方から筒を伝わってほのかにさし込む月の光に照
　　らされながら眠りにつき、同様にはるか上方からさし込む太陽の光で朝を迎える。
　　全く日常的であるが何か不吉な予感とともにカプセルから這い出してゆく。とても
　　不幸な朝が来た……[4]

このいささかブラックジョークの混じったSFのような伊東豊雄の文章は、テクノロジーが支える建築の輝かしい未来と、個人の自由の表徴としてのメタボリストが提示した住居カプセルに対する批評が示されている。

テクノロジーの生み出した人造人間としての機械人間として管理社会なかで、人間性の根源をさがすアンドロイドとしての現代人の住居への可能性を、伊東豊雄は菊竹清訓との決別から篠原一男との出合いを通して建築を探求することで、不幸な朝から目覚めた現代人として都市に出て彷徨しながら〈生きられる建築空間〉を探求することになる。

「生きられた家」とは建築評論として哲学者・美学者であった多木浩二が1976年に著した家の現象学として、普通の家をテクストとして現象学的に家に関して論考したもので、磯崎新や篠原一男の大きな物語としての「建築」や虚構としての「建築」に対する乗り越えを、日常を問題とすることから追求しようとしていた次世代の建築家である坂本一成、伊東豊雄、長谷川逸子などの住宅における思考に大きな影響を与えた。

伊東豊雄は〈生きられた建築空間〉を求めていくことになるときに、テクノロジーと生きる現代人を意識的に問題にしてゆく。

20世紀の後半になり20世紀初頭に誕生した近代的個人の次の世代は、日常生活がすでにコンピューターや消費社会の虚像に覆われた都市の中で生きる現代人、つまりアンドロイドに進化していた。

閉じられて上方にチューブからの光だけが降りてくるカプセルから、アンドロイドは目覚めを迎えて起きあがった。

つまり現代人としての伊東豊雄は都市に出ることになる。都市空間は伊東豊雄にとってアンドロイドのためのエスプリヌーボー（新精神）を探す場所となったといえるのではなかろうか。

以下にアンドロイドとしての伊東豊雄の言葉を整理する。1980年代後半の日本がバブル経済と呼ばれたころの言葉である。

　　　かつて衣服のように身体を覆い、身体の延長として存在していた家の空間は、その連続性を断ち切り、身体と向かい合う存在となることによって建築化し得た。これまでものをつくる行為、特に建築の設計という行為は、空間を絶えず自らの身体から切断し、対象化する営みであった。身体に同化し、溶融しているような柔らかな空間を固化し、対象化し、抽出し、形式化し、構築することによって建築は輝かしい存在としての地位を築き上げてきた。そのような栄光の夢を未だどこかで建築家達は見続けているのではなかろうか。建築だけは未だネクタイをきちんと締め、固い歴史の殻のスーツに身を包んで、外に対してみがまえている。[5]

ここに表明されている伊東豊雄の家の空間とは身体を覆う衣服のような空間として、建築という概念になる前の、形のない家としての空間である。

家を建築化した篠原一男からの逃走が始まる。

しかしそれは単に篠原からの逃走というよりも、建築という概念における形式の問題としてのポストモダンの時代の建築の定義に対する逃走と考えると、より伊東豊雄の問題設定が理解できる。

それは〈非形式性〉としての建築があり得るのかという問題設定といえるのではないだろうか。

機械としての人間の定義によって古典的な建築性を乗り越えようとしたモダニズムの建築に対する批判としての、ポストモダニズムの形式性によるモダニズム批判（それは日本においては磯崎新によって70年代に戦略的に構築された）に対する逃走であり批判である。

形式としての建築を乗り超えるものとして、身体の延長としての空間は、20世紀初頭のモダニズムの建築家における人間の身体からの建築性の更新と同位相の問題提議である。

つまりここには20世紀後半のモダニズムの問題としての伊東豊雄の探求があると考えることができる。しかしこのとき現代人の身体は20世紀初頭の機械としての身体の認識ではなく、情報受容器としての身体という20世紀後半のテクノロジーによる人間概念の更新がある。

> しかしそれにも拘わらず、〈ノマド〉の被膜は屋台のような屋外的空間をフィクショナルに演出するためのまさしく仮の囲いでしかない。それはプロジェクターから投射される美しい映像を可能にする暗幕のような存在に過ぎないのである。映像が暗幕を取り去ってもなお美しく輝きだした時、つまりフィクショナルな空間がハイウェイの車の洪水や周辺のネオンの海に同化しつつなお幻影の如くにその間に浮かぶとき、初めて我々は今日の建築を発見したと言えるであろう。そのような建築を今日のアンドロイド的身体は求めているのである。[6]

アンドロイドのための建築、つまり今日の建築はコンピューターや情報環境は、人間の身体に対して動作するものとしての機械的身体という20世紀前半の認識ではなく、情報受容端末としての身体という20世紀後半の新しい身体の認識を問題にする。

情報受容端末としての身体にとっては建築もすでに情報でありそれは幻影のようにフィクションを映し出す暗幕として仮の囲いにしかすぎないということである。

> ……このような今日的身体と建築の関わりを前提として、建築の被膜はどのようなものであり得るのだろうか。私はこの問題を考えるために人びとの行為（パフォーマンス）を中心として、行為の場をどのように覆っていくかという課題として建築を考え直したいと思ってきた。……つまりこれは内側からのみ膨らませていって、外側から規定されることのない建築を我々ははたしてつくりうるのか、というテーマなのである。[7]

伊東豊雄の今日の建築として行為を内側から包み込む建築はありうるのかという問い
は、建築がいつも外側から人間を規定し続けてきた存在であったことに対する問題設
定である。
行為の場を規定しようとしたのはまさに20世紀前半のモダニズムの思考であった。
人間の行為を規定することが建築計画であり、そのことによって建築に経済性と秩序
を物理的な量の関数としてのファンクション（機能）という神話をつくり上げた。
この空間というのが20世紀初頭のモダニズムの空間であるとすると、人間の行為を
包み込む建築への探求が始まる。行為を規定する建築から行為を包み込む建築へと向
かう。伊東自身のことばを追ってみよう。

　　すでに述べたように、かつて人びとは自然の休みなく変化する流れのなかに身を
　　置き、そこにわずかな永続する形式を与えて、開放的な建築のスタイルを生み出
　　した。今日人びとは自然ばかりでなく、都市のさらにダイナミックな流れのなかに
　　身をおいている。われわれはこの不安定ではかない現象的、相対的な空間の中
　　に、やはり最小限の持続するシステムを発見して、現象する空間を建築化しなけ
　　ればならないのである。さらに今日の建築は、消費社会の凄まじいエネルギーと
　　加速度的なスピードをもって変化する環境との関わりを回避することは不可能で
　　ある。どこを見渡しても、建築が安定して成立する基盤など見当たらないのであ
　　る。現象のみを追い求め、流れるままに任せるような建築は、たちどころに消費
　　されるに違いない。しかしクリシェと化した建築的形式に頼って見かけだけどっし
　　り腰を据えたような建築も、同時代的な共感を得ることはまったくないであろう。
　　いきいきとした生命力に溢れる今日の建築は、たえず動き流れる不安定な状態と、
　　そこから逸脱して人びとが共有しうる安定したシステムとのせめぎ合いのうちに辛
　　うじて存在するのではないだろうか。人体をさまざまな流れの運動形態として捉
　　えるのと、シンメトリーでスタティックな固体として捉えるのとでは世界は一変して
　　しまう。※8

　　意識としての身体は現象としてのヴァーチャルな都市を生きられるけれども、フィ
　　ジカルな身体は時間や距離を超越できないように、イメージとしての建築は現象と
　　しての都市に存在しうるけれども、実体としての建築は時間、空間を超えること
　　ができない。2つの異なる都市に生きることを、身体が統一しきれなくなりつつあ
　　るように、建築もこの矛盾をささえきれなくなっている。建築は土地を喪ってしまっ
　　たにもかかわらず、それはフィジカルな存在としては大地を離れて宙を漂うことが
　　できない。その結果、建築は表層のみを虚飾の記号で飾り立てながら、その背後

に旧態然たる重々しい実体をもて余している。

サランラップの実体化、つまりあの透明な被膜にひとつの構造を与えること、それは〈現象を発生させる装置〉をつくり出すことである。自らが実体となって現象を生み出し、保証するのである。それはランドスケープを生成する装置であり、空気のように不可視なものの流れを可視化する装置でありそして人間の行為（コミュニケーション）を示唆する、すなわちプログラミングを生成する装置としての建築である。[9]

かくして私にとっての設計行為は、社会や都市の状況に対する耐え難いフラストレーションの自己表現から開始された。
公共施設の設計に向かい合う私の感情は28年前の小さな住宅に投げつけたメッセージと今ほとんど重なり合う。現実の都市や社会のシステムとの裂け目をうずめるような共通言語はほとんど存在し得ない。

だがそんなときに脳裏を横切るのは、その亀裂を前にして、自らを社会から閉ざしてしまっているのではないかという危惧の感情である。批評性という心地よい言葉によって現実を否定する自己を勝手に正当化してはいないだろうか、という危惧である。

個人のフラストレーションや怒りから発した、社会を否定するネガティヴな表現がそのまま否定形、疑問形の個人的表現として社会に還元され得るのか。この10年間公共建築の設計に携わりながら遭遇した最大の問題はこの点にあった。発露となったエネルギーを喪わずに、ネガティヴな衝動をもっと人びとへの信頼というポジティブな表現に置き換える可能性はないのか。

私の個人的感情から発した住宅の批評性というテーマを、もう少し一般論に拡大して考えてみるのは興味深いように思われる。なぜなら、70年代に最初の住宅を設計した私は、「社会に対して批評的であることは」建築家にとって美徳のように考えてきたからである。だがそれは近代以降ずっと継続している思考だといってもよいのかもしれない。モダニズムの建築が社会を変えようと志して以来、常に現実社会に対するネガティヴなポーズをとり続けてきたのである。しかし建築家がもっとポジティブに社会に対して語りかけていかない限り、つまり批評性という言葉を取り下げない限り、排他的建築をつくり続けることになるのではないか。

いつの時代にも人びとは自己の肉体に刻み込まれた土地の記憶を住まいという空間に留めようとし続けてきた。それは単に個人の記憶ではなく、家族や地域の集団としての記憶の空間化においてである。そのようにして築かれた家は何代にもわたる厳しい自然との闘いを経て、ほとんど人びとの肉体の拡張、拡大された皮膚と化している。しかし同時に、人びとは未来の記憶としてのもうひとつの家を築こうとし続けた。とりわけテクノロジーが飛躍的な発展を遂げた今世紀においては、もうひとつの家を夢見てさまざまな試みがなされてきた。車や航空機、すなわち機械の空間を体験したときに味わう、ぞくぞくするような感覚を住まいの空間に置き換えようとする試みもそうである。鉄やガラスやアルミニウムそしてプラスチックの表皮の中に身を置くとき、人びとは異次元に移行するような身体の解放を味わう。そしてその解放感を自己のもうひとつの皮膚、もうひとつの身体へと拡張しようと試みる。それは土地の呪縛からの解放であり、土地に結びつけられた家族や地域社会という慣習化された生活からの解放でもある。未来の記憶としての家を求める身体を非自然的身体といったけれども、今やそれは宇宙を体験する身体へと変わりつつある。それは新しいもうひとつの自然を 求める身体とさえ言い直すことも可能であろう。すなわち機械を求める身体はさらに拡張されて、まさしく未来の記憶としての自然を求め始めているのではないだろうか。したがってこのような身体を私たちはヴァーチャルな身体と呼ぶことができよう。

おそらくもどかしさを感じている一群の建築家たちに望まれるのは、まずモダニズムの継承者としての身体を脱することである。なぜなら行き詰まったふたつの身体の対立の構図からは何も未来の記憶は生じないように思われるからである。そして私たちはこの対立を脱する新しい身体像を描くことを考えるべきである。それは、非自然的身体ではなくもうひとつの自然に馴染む身体であり、それはかつての自然をも受け入れる身体である。このようなふたつの自然が重なり合ったとき、あたらしい身体の求める家ははじめてポジティブな言語で語られるのではないだろうか。※10

これらの一連の伊東豊雄の論考を整理する。
伊東豊雄はアンドロイド的身体、つまり情報テクノロジーと共に生きる遺伝子情報である現代人の身体を、流動的身体として認識しているということができる。

近代のテクノロジーは人間の身体能力を拡張する運動であった。
自動車は走る運動としての人間の能力を拡張する機械であり、電話は聴力や音声の作

用を拡張する機械であった。そのことでテクノロジーは世界の物理的距離を収縮させて地球を小さくしたといえる。

さらに現代のテクノロジーと共に生きる身体は、非自然的人工身体、つまり人造人間のボディではなく、もうひとつの自然に馴染む身体という認識が、伊東豊雄の建築を21世紀の新しく自然との関係を結ぶ建築へと導く思考である。

遺伝子情報としての身体には長い年月を通して生物としての人間が、自然との関係のなかで進化してきたときの様々な記憶のようなものが蓄積されていると考えることができる。つまり遺伝子情報としての現代人には、太古からの自然との関係が身体の深くに情報として残されているわけだから、自然に馴染む身体というのが本来の身体であり、これを単に機械として認識する20世紀前半の身体こそが、自然と対峙する身体という人工性に身体を囲い込んでしまっていたのだと考えることができる。

第8章出典

※1　伊東豊雄「ロマネスクの行方（篠原一男氏の住宅について）」（『新建築』1976年11月増刊）

※2　同上

※3　同上

※4　伊東豊雄「無用の論理」（『都市住宅』1971年11月号）

※5　伊東豊雄「柔らかく身体を覆う建築」（『建築都市ワークショップファイル1』1986年6月）

※6　伊東豊雄「アンドロイド的身体が求める建築」（『季刊思潮』第1号1988年6月）

※7　同上

※8　伊東豊雄「21世紀の幌幕—流動体的建築論」（『新建築』1990年10月号）

※9　伊東豊雄「サランラップ・シティの建築風景」（『現代思想』1992年9月号）

※10　伊東豊雄「脱近代的身体像-批評性のない住宅は可能か」（『住宅特集』1998年9月号）

横浜風の塔｜神奈川県横浜市｜1986
Tower of Winds in Yokohama

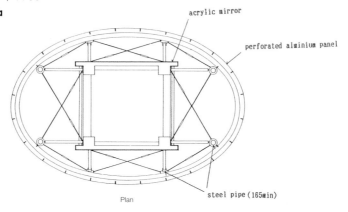

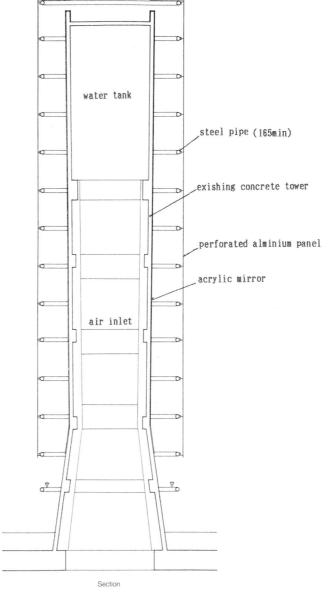

平面図・断面図　縮尺1/150

駅前広場に建てられた排気と高架水槽のための塔のリノベーション。アルミ・パンチングメタルが張られた楕円形平面のシリンダー。夜間には周辺の音や風を捉え、さまざまな光のシーンをつくり出す。

第9章 公共建築からみんなの中へ（共感装置としての公共建築）

熊本の「八代市立博物館・未来の森ミュージアム」（1991年）は伊東豊雄が初めて公共の博物館を設計した建築である。
このとき伊東豊雄は公共建築の設計を通して初めて日本の公共と呼ばれる領域に向かい合うことになる。1989年のその時「エフェメールな〈建築〉の試み」という文章を書いている。

> 建築はさまざまな出来事をそこに発生させる装置であるという言い方もできよう。だから設計という行為もある領域のなかにさまざまな出来事の場を想定する作業であると言えよう。それは川の流れのなかに淀みの空間をつくり出すようなものだ。さまざまな建築的要素を組み合わせ、柔らかく囲い込んでつくられるエフェメールな淀みの場、そうした場が領域のなかにいくつも漂い始めると、同時にその場を巡るさまざまな流れが生じるはずである。人の流れ、空気の流れ、音の流れ、そして空間に描かれる光の分布図。それらの流れは空間のなかにサーキュレーションの環を描くこともあれば、絶え間なく枝分かれして毛細血管のように空間に浸透する場合もあるだろう。流れの軌跡を私はいかようにも美しくイメージすることができる。だが常に建築は多かれ少なかれソリッドなマスなのだ。柔らかく自由な流れと淀みの場を壁や床の立ち込める固く不自由なマスの中に閉じ込めてしまう。恐らく建築が〈建築〉たる所以は流れとかエフェメールなものとか生成し変化してゆくものを拒絶し、もっと堅固な秩序のなかに幽閉してしまう点にこそあるのではないか。ミース・ファン・デル・ローエの生涯をかけた建築の変遷がその意味を如実に語っているではないか。すべての流れを許容し、浸透させようとしたバルセロナ・パビリオンのガラスと、晩年の新古典主義的作品の厚い壁のように不動のガラスの距離。私の建築的試行もその間を揺れ動いている。だが私はミースとは逆のコースを辿りたいのだ。〈建築〉に固執しつつ、消費の都市空間や自然のエフェメールな現象のなかに〈建築〉を溶融し去ってしまいたいのだ。[1]

ここには建築に対する新しい定義がある。硬く固定化した建築ではなく流れる生成変化するものを許容し、秩序の中に人間を閉じ込めることのない建築へ向かう。
伊東豊雄は「私にとっての公共建築」と題した以下の文章を書いている。

> 1986年に建築家・前川国男氏が亡くなったとき、ある雑誌に短い追悼文を書いた。生前、氏の業績を遠くから拝見していただけなのだから、追悼の文章を認めることすらたいへん気が引けたのだが、その後の、私たちにとってはもっと身近に感じられる世代の建築家たちと前川国男氏との間に介在しているある距離についてだけは正直

に書いておきたいと思って、不遜にも「公共建築の死」とういう言葉でその気持ちを表現した。わが国の建築近代化のために頑迷なほどに自らの意思を貫き通したこの建築家の、建築および社会に対するあまりにも揺るぎない姿勢と、あまりにも重々しい建築の泰然さに、私は畏敬の念を抱くと同時に、ときには苛立ちを覚えさえした。「恐らく、この泰然さはアヴァンギャルドを越えて、この建築家の中に不動の座を占めていたであろう西欧市民社会のモラルに支えられた建築家像への揺るぎない信頼に由来するものであろう。それは前川国男氏にとっては、倒すべきものではなく、生涯を賭して護るべきものであった。護り通したという点で、前川国男はわが国で最初にして最後の市民の建築家（フリーアーキテクト）と呼べる存在であった。この建築家の死と共に、コマーシャリズムとも政治とも独立した公共建築はもはやあり得ない、といえよう。最後まで日本回帰を拒否した岩のような存在の死、それは市民のための公共建築の死と同義語である」（『住宅建築』1986年9月号）。無論、前川国男氏の後に続いた建築家たちも公共建築をつくり続けてきたわけだし、その中には今世紀の歴史に残る名建築も多々あることはいうまでもない。それにもかかわらず、「公共建築の死」とあえて書いたのは、建築家というより日本の社会そのものが急速に変質してしまったことをいいたかったからである。つまり戦後の日本で、何のためらいもなく民主主義の理念を標榜できたり、何の曖昧さもなくそうした社会における市民のための建築の理想を語ることができたのは、そんなに長い時間ではなかったように思われるのである。西欧をモデルにして、自由な個の確立をベースにした市民社会の実現を目指したはずであったにもかかわらず、現実の日本の社会は、急速な経済発展と共に、西欧の都市国家とはかなり異質な存在へとスプロールし続けた。

極論すれば、経済のフローがそのまま都市空間のフローに置き換えられてしまうような、変貌に変貌を重ねる消費的な都市空間を形成する社会へと変わっていったのである。

個の自由を尊ぶ市民社会というにはあまりにも圧倒的な、経済のフローに支配されている都市。加速度的に変化し、日々混迷を深めながら巨大化する都市。このように個が埋没してしまう都市を前にして、建築家たちは前川国男氏のように明快な姿勢を貫くことは不可能であった。政治や経済が複雑に絡み合って、断片でしか構造が見えないような社会に、建築も建築家も置かれることになったのである。

このようにして、「市民社会」とか「市民のための建築家（フリーアーキテクト）」といった言葉が対象とした理想の社会がみえなくなってしまったとき、「公共建築」なる言葉もまた、空虚に形式化せざるを得なくなったように思われる。

『新建築』1991年8月号の「建築論壇」で高橋靗一氏が、「いま、公共建築とはいったい何か、そしてその種の建築に未来はあるのか」を問いながら、「公共建築

という言葉に対して、いま現在、私の中でもっとも素直に受け入れやすい定義は、ごく薄味の水っぽいものでしかない」といわしめるのも、所詮は〈公共〉という概念が、この経済のフローと共に変化する都市において占める位置の希薄さを端的に示す以外のものではないだろう。

多くの公共建築に対して今日われわれが抱くある空疎な印象も、この〈公共〉なる概念の妙に宙に浮いた希薄さ、かつて三島由紀夫が「プラザの噴水のように」と形容した味気なさがもたらしているに違いない。それらがルネッサンスの広場に面して建つ教会のように大仰な身振りと虚ろさを示すとき、われわれはある違和感と居心地の悪さを感じずにはいられない。

かくして、一方にあまりに都市の現実から遊離し、形式化した公共建築が存在し、他方にはあまりにコマーシャルであまりにも消費的な形態を曝すオブジェクトが横行する。そして互いが互いの批評になっているという、極端な、かつ不思議な構図を描きながら、都市はそのどちらをも共存させているのである。

しかし、この両極でしか今日建築はあり得ないのか。市民のためのフリーアーキテクトによる建築、というような借用された概念に基づく建築ではなく、今日の消費的都市に住みつきながら、そこに住む人びとのための、オブジェクトでない建築をつくることはできないものだろうか。

ヨーロッパの若い建築家たちと話しているとき、彼らがいかに自分たちの都市が保守的であるかを訴え、ラディカルなドローイングだけに終始せざるを得ないかを語りながらも、何らかの建築の社会性に関しては揺るぎない信頼を抱いていることを感じないわけにはいかない。新しいテクノロジーに頼った表現を採りながらも、彼らはまったく嫉妬するほどに自らの都市や社会を信じている。公共という建築の概念も、おそらく建築家と人びとの間に介在する明確には定義できないある信頼感のようなものに根ざしているのではないだろうか。そしてわれわれは、この定義されない何かをわれわれの都市に発見していない限り、われわれ自身の公共建築に到達することはないように思われるのである。[2]

伊東豊雄は1990年代に初めて日本において公共建築を手がけることになる。日本の公共建築は戦前には国家主導の近代化の表象としてつくられていった。辰野金吾による東京駅舎は戦前日本の近代化のイメージがどのようなものであったかを現在に伝えている。つまりヨーロッパ諸国の仲間入りをすることが公共建築の意匠として示されなくてはならなかった。「脱亜入欧」という言葉にそのことが示されている。

太平洋戦争直後には、戦前の軍国主義国家から生まれ変わった戦後民主主義国家とし

ての日本のイメージが、公共建築の意匠として示されることが要請された。1950年代の丹下健三や前川国男、増田友也などによる公共建築の意匠はその最も優れた典型である。この当時の公共建築には民主主義社会の実現への希望が表現されている。

しかしその後公共建築は行政による公共建築の設計施工一体の大手ゼネコンの受注を禁じる設計施工分離の原則と、設計経験を重視する設計発注によって、フリーアーキテクトではなく設計業界である大手組織事務所の仕事領域に組み込まれてしまい、ある程度の近代建築の性能を確実に実現している手堅い建築として、形式的なものとなり魅力と生気を失ってゆく。最も大きな問題は前例主義の枠組みから開かれることなく、設計者も経験のある組織の機能と性能の手堅さのみが求められる消極的な建築がつくられるという建築の閉塞状況となっていったことである。

「八代市立博物館・未来の森ミュージアム」はそのような公共建築の状況に対して、既存の公共建築にとらわれないパブリックスペースへの提案がなされるために、伊東豊雄は次のように述べている。

現代の建築性を追求するものとしてのカオスとノイズについてである。それは熊本アートポリスが全体を構造化されていない点、つまりプロジェクトの散在性についての問題に関わることであるが、たしかにわれわれは全体を構造化する方法をいまだ持ち合わせていないけれども、私は、熊本のいくつかのプロジェクトのもつ新鮮さは、それらが散在し、混沌とした都市の中につくられたからこそ得られたのではないかと思っている。八束氏はこの都市の「カオスやノイズはそれ自体としては価値ではない。反価値としてだけ意味がある。」と指摘するがどうであろうか。私は「それにただもたれ掛かることは、昔もいまも相変わらず、無責任かつ反動的な行為でしかない」とは思わない。われわれの身体を無意識のうちに日々かえているのは、カオスやノイズであり、建築よりもはるかに先行している身体に建築を追随させるためには、反価値でしかないカオスやノイズを意識化する発見的な作業がどうしても必要に思われるのである。無論、風俗が風俗のまま横行しては都市はどぎつくなる一方だが、風俗の中に潜むカオスやノイズのエネルギーを、形式化している建築のなかに組み込む作業は、生き生きとした建築を生み出すために重要な側面ではないだろうか。

「公共」という言葉を前にして私自身の関心は、いまこの一点に集中している。つまりノイズのように私的な表現と建築との間に、〈建築〉を発見できるのか、という問いにそれは置き換えられるであろう。時にノイズ寄り、時に〈建築〉寄りに右往左往しながら、それを発見しようと努めるしかないのであろうが、ノイズのもつ同時代的楽しさやエネルギーをもっともっと建築に盛りこんで、建築を〈建築〉の

　　　　座から引きづり下ろさなくては、と考えている。※3

と語っている。
「八代市立博物館・未来の森ミュージアム」での伊東豊雄の「公共建築」としての試み
はひとつには、日本のこの種の博物館や美術館は従来社会教育施設としてだけ、さら
にどの場所でも社会教育施設の一定の水準としての近代化の推進の一環として行政に
よってつくられていたため、学ぶ、知るという本来は楽しいことが、なんだか学校の
授業や教室に結びつくようなどこか堅苦しい空間としてつくられ、決して空間として楽
しくつくられていなかった。それを、なんとかみんなにとって魅力のある場所とするこ
とが試みられているように思われる。
もうひとつはこのような美術館・博物館は貴重な品であるという価値づけを表象する無
意識がおそらく働くと同時に、貴重なものを守るという機能が建築をどことなくモニュメ
タルな閉ざされたオブジェクトとして社会の中に存在させてきた。
伊東豊雄は「この建築の最初のイメージは〈木立ちの間を散在して、徘徊しているような
展示空間〉をつくることであった。」と述べているように、オブジェクトではなくトポロジカ
ルに、外部と内部が連続する庭園的な建築空間が目ざされていると考えることができる。
実施設計完了後のモデルを見て多木浩二は「西欧古典主義建築の表裏の関係がここ
では逆転している」と指摘したという。正面に画然としてあるべきファサードが裏側に
あり、庭園と融合している裏面がアプローチ側にあるというわけである。
この古典主義建築との表裏関係をさらに考察してみることにする。
それは伊東豊雄における「建築を〈建築〉の座から引きずり下ろす」つまり西欧中心主
義の建築の定義から自由になり、私たちの今日の建築を再定義して生き生きとした建
築をつくり上げることをいかにして目指されているのか理解すためである。
このことは今日勘違いされているのかもしれない非建築を単に建築と呼ぶことで、西
欧中心主義の建築を論理図式としてのみ相対化するだけでは現代建築の探求とはいえ
ないと考えるからである。

現代における建築性の認識としての現代建築としての問題探求がいかに可能かを考え
るために、私はミースの「ベルリン新国立ギャラリー」と伊東豊雄の「八代市立博物館・
未来の森ミュージアム」を比較をしてみることにする。
「ベルリン新国立ギャラリー」はモダニストとしてのミースの晩年の作品であるが、最も
新古典主義の建築に接近している。それはカール・フリードリッヒ・シンケルのベルリ
ンの「アルテス・ミュージアム」と同じように、建築が基壇の上に置かれるというモニュ
メンタルな神殿としての形式に見ることができる。

148

さらに「アルテス・ミュージアム」はオーダーの列柱が基壇の上に厳格なプロポーション
で配されて、その上に乗せられたエンタブラチャーを支えるというギリシャの神殿と同
じ構成原理に基づくものである。
「ベルリン新国立ギャラリー」の基壇の上に建てられた柱は鉄骨を組み立てたものであ
るが、古典建築の石造の柱身が近代の鉄骨の柱身として組み上げられている。近代の
材料である鉄骨による構造技術の表現は、鉄のオーダーに変換されている。
鉄骨の柱身の上には鉄によってつくられた水平の屋根が載っているが、これも鉄骨に
よってつくられた近代のエンタブラチャーとして表現されている。
それに対して「八代市立博物館・未来の森ミュージアム」は、基壇ではなく築山の上に
薄くて離散的なボールト屋根が浮かんでいる。基本的な構成はミースの「ベルリン新国
立ギャラリー」と同じであるが、基壇ではなく築山上に柱でささえられて屋根が浮いて
おり、周囲はガラスに覆われたエントランスがありその下が展示空間として人びとが回
遊しながら展示品を鑑賞するという構成である。
しかし「八代市立博物館・未来の森ミュージアム」では建築はモニュメントではなく風景
としての建築がめざされているように見える。
モニュメントは周囲から毅然と分離独立したオブジェクトとしての建築性により成り立つ
ものであり、風景としての建築は周囲との共存と関係によって成立するものであるとい
う意味で、建築としてまったく異なった成立のしかたとして存在する。
ここにおいて建築の公共性としてモニュメントの創造と建築の公共性としての風景の創
造ということが、この2つの建築の意味の違いといえるだろう。

ミースの鉄骨による20世紀の公共神殿としての建築が「ベルリン新国立ギャラリー」で
あるとすると杉並区立杉並芸術会館「座・高円寺」は21世紀に鉄を幕として使用した
東京という都市につくられた江戸時代の仮設の芝居小屋の21世紀版のように見える。
このテントを思わせる柔らかな形は、劇場という虚構を囲むための仮設の覆いの本質を
表現している。新宿から高尾に向かう中央線からの風景は小さな無数の住宅がどこま
でも広がってゆく。東京の現実の住まいの群は、この都市の本質が巨大な村であるこ
とを想起させる。そのなかで「座・高円寺」は村の縁日の芝居小屋の風景を21世紀に
鉄のテントによって蘇らせている。

第9章出典
※1　伊東豊雄「エフェメールな〈建築〉の試み」(『へるめす』22号1989年11月)
※2　伊東豊雄「私にとっての公共建築」(『新建築』1991年11月号)
※3　同上

八代市立博物館・未来の森ミュージアム｜熊本県八代市｜1991
Yatsushiro Municipal Museum

前面に人工の丘を設け、緩やかなスロープで建物にアプローチさせる。軽快な屋根の連続は「風」の流れと
呼応する。

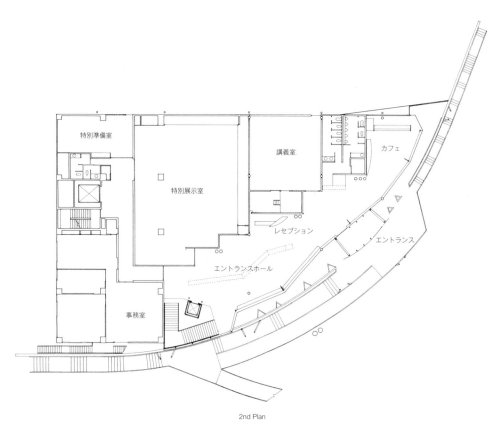

2nd Plan

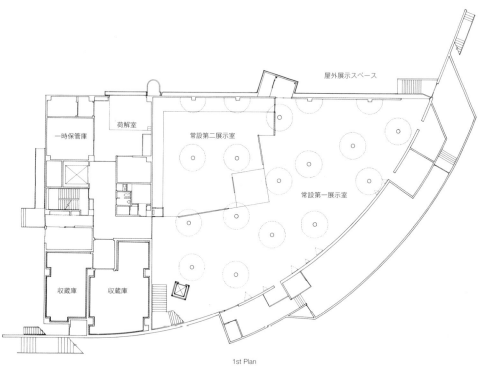

1st Plan

平面図　縮尺1/500

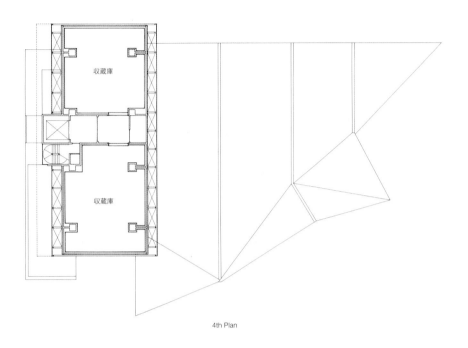

4th Plan

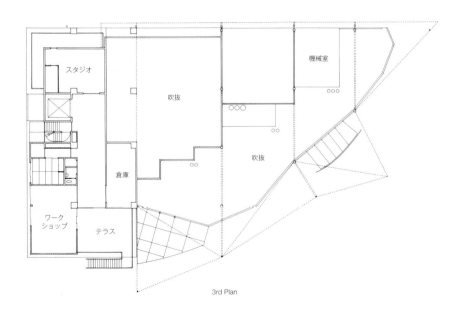

3rd Plan

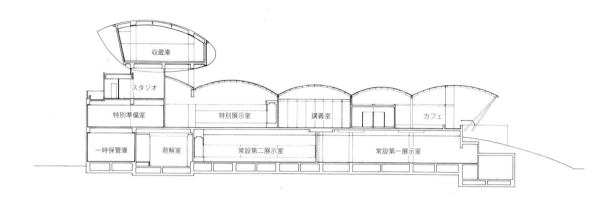

断面図　縮尺1/500

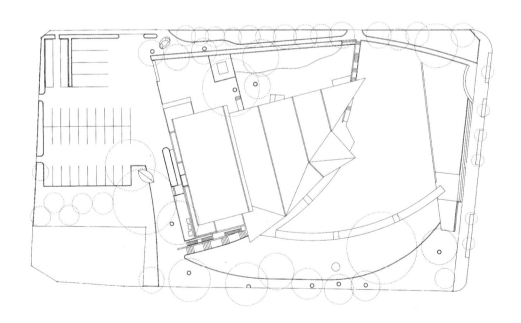

配置図　縮尺1/1,000

せんだいメディアテーク ｜ 宮城県仙台市 ｜ 2000
Sendai Mediatheque

スチールのハニカムパネルによる50m角のフラットスラブ7層が、13本の立体構造のチューブで支えられる。
それぞれのチューブは人、空気、光、電気、水など建物に求められる機能をもつ。

1階メディアテークプラザ。

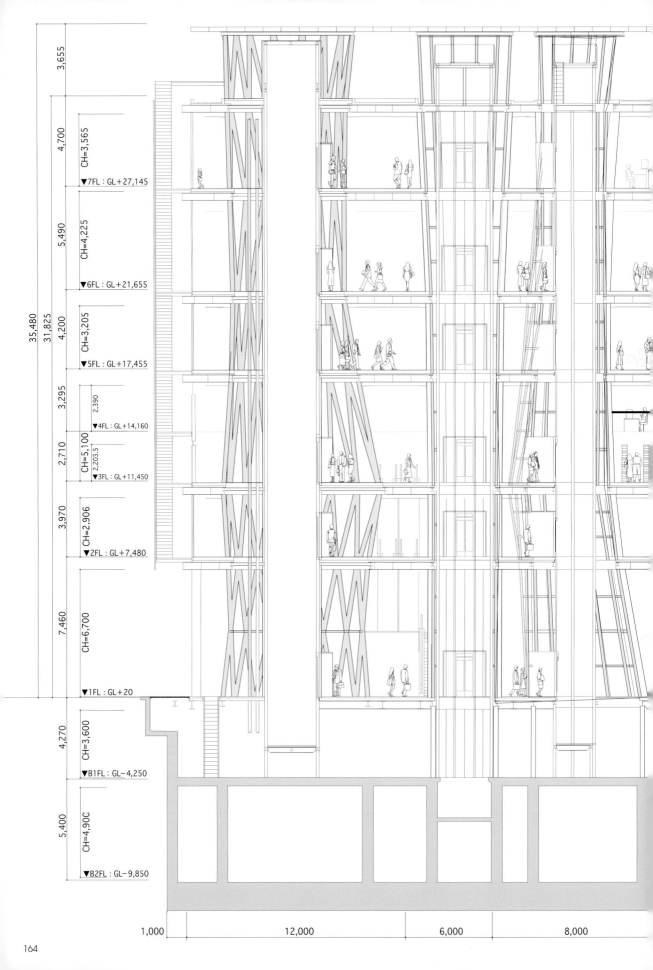

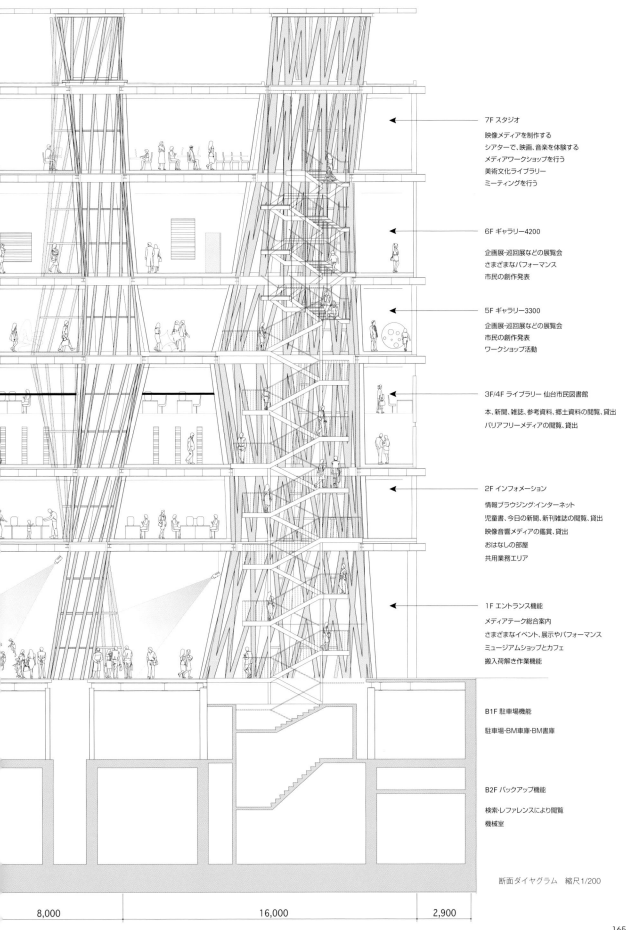

断面ダイヤグラム　縮尺1/200

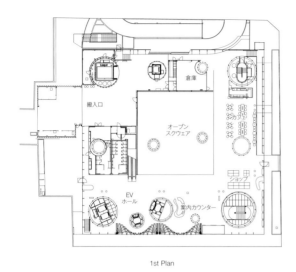

1st Plan

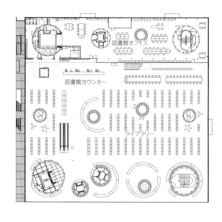

4th Plan

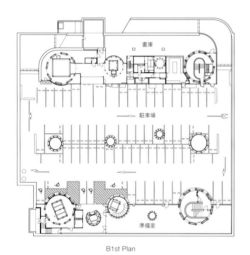

B1st Plan

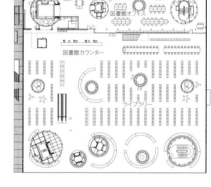

3rd Plan

Bnd Plan

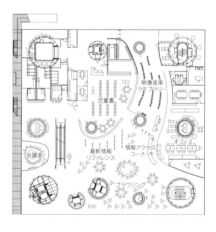

2nd Plan

平面図　縮尺1/1,000

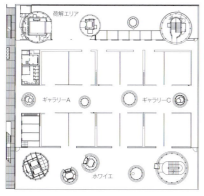

6th Plan

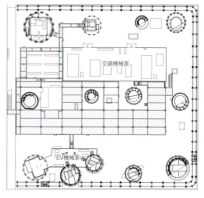

Roof Plan

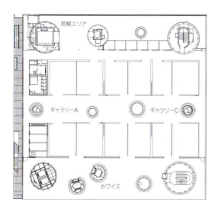

5th Plan

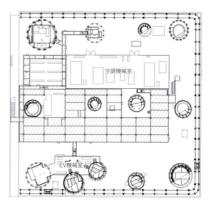

7th Plan

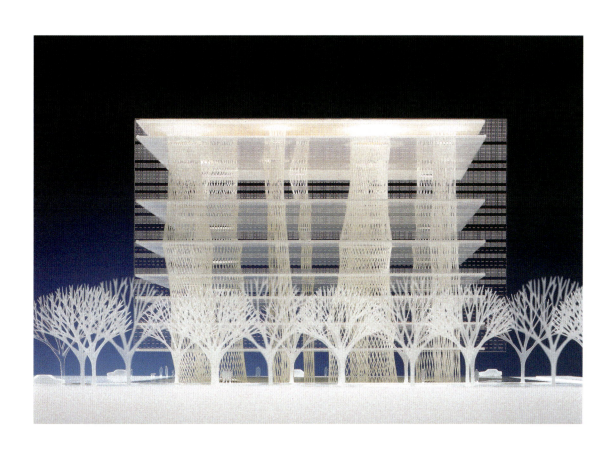

コンペティション時のコンセプトモデル。

第10章　20世紀の機能空間から機能場の探求としての21世紀の空間へ

1995年に起こった兵庫県南部地震（阪神・淡路大震災）は21世紀の日本のカタストロフィーの始まりの序章のようなものだったかもしれない。

この時の衝撃はコンクリートの建造物は地震では倒壊しないというのは、近代技術の虚構の神話であったことが明らかになってしまったことだった。

ちょうどこのころ、私の初めての非住宅の建築作品である「向島洋ランセンター」の現場工事の監理のために夜行バスで夜に新宿を出発して、東名、名神、山陽自動車道を10時間乗ると朝に広島の尾道に着くので、移動費用の節約のために度々このルートを使っていた。

阪神淡路大震災直後、神戸の高架道路が使えないのでその真下の一般道をバスで移動したが、その横にコンクリートの高架道路の柱脚が倒壊しているのを間近かに見た。

神戸では道に向かってコンクリートの建築物がつんのめるように傾いたまま崩壊していた。

近代のテクノロジーによって支えられているはずのコンクリートの構造物の地震に対する強度の理論の基準の不確実さを、神戸の街のいたるところで見ることになってしまった。

東北地方太平洋沖地震

ウィキペディアの記述「東北地方太平洋沖地震（とうほくちほうたいへいようおきじしん）は2011年（平成23年）3月11日に日本の太平洋三陸沖を震源として発生した地震である。地震の規模を示すマグニチュードはMw9.0で、日本の観測史上最大規模の地震であり、1995年の兵庫県南部地震（阪神・淡路大震災）、2004年の新潟県中越地震以来、観測史上3回目の最大震度7を観測した。この地震とそれに伴う津波、およびその後の余震は東北から関東にかけての東日本一帯に甚大な被害をもたらし、日本において第2次世界大戦後最悪の自然災害となる東日本大震災を引き起こした。国際原子力事象評価尺度で最も深刻なレベル7と評価された福島第一原子力発電所事故もこの地震に伴うものである。」

多くの建築家がこの災害の復興支援を目指して東北へ赴いた。

伊東豊雄はその中でも最も純粋に復興後の街の有り様について提案をし続けた建築家であった。

伊東豊雄の提案は土木テクノロジーによる力ずくの復興を基本とする今の日本の復興制度に対して、より自然を味方につけた復興の可能性をさぐる提案であったが、それらはことごとく拒絶されてしまう。

復興とはコンクリートの強靭な護岸を再び築くことであり、復興は山をブルドーザーで削って高台に移転する近代の土木テクノロジーにより、力ずくで復興をすることだけが強引に推し進められようとしているように感じる。

そのような中で、仮設住宅のなかに伊東豊雄たちが提案し、実現したのは「みんなの家」と名づけられた、仮設住宅で暮らす被災者が誰でもいつでも集まれる、共有する場所としての小さな家だった。

この小さな「みんなの家」のみんなの空間がどれほど被災した人びとを結びつける役割を果たして、被災地の人びとがお互いにはげまし元気づけたかを想像するとき、建築の本質的に持つ力が空間造形の力だけにあるのではなく、共有する場をつくる力であることが示されているように思う。

緊急用の仮設住宅だけが与えられても人びとは決して安心することなどできない。同じ状況になった人びとが思いを共有し、気持ちも物質も共になって支え合うことができる場をつくることこそが、復興の為のもっとも大きな力なることを「みんなの家」は被災地の現場で示した。

戦後に生まれた私は、はじめて核爆弾で消滅した広島と長崎の被曝直後に写された写真と同じく、都市が壊滅した風景を東日本大震災の被災地の風景に見た。

そして「みんなの家」に復興の始原的な建築としての人びとが集まるということに機能する場の重要さを理解した。

伊東豊雄の建築における、20世紀の機能空間から21世紀の機能場の展開へという仮説

ここで1980年代以降建築のデザインをリードし続け、20世紀のドミノシステムの21世紀的な進化形の建築の出現さえ感じる「せんだいメディアテーク」や、西欧的オペラ劇場建築の概念を覆す「台中国立歌劇院」をデザインするほどの建築家である伊東豊雄が、「みんなの家」では特別な形を持つ建築をデザインしなかったのはなぜかと問うてみることにする。

それはその問いの向こうに新しい建築の定義が潜んでいるかもしれないと考えるからである。

あくまで仮説の域をでないが、伊東豊雄が示していることの中に建築的形式からの離脱の果てに、21世紀的な建築空間の定義に向かう可能性としての「機能場」としての建築、という概念があるのではないかということについて考察してみたいからである。

単純化すると伊東豊雄の建築は20世紀の機能空間としての建築から、21世紀へ向けた機能場としての建築についての提示が行われているのではないかということである。

場とは物理学の概念であり、「物理量を持つものの存在が、その近傍・周囲に連続的

に影響を与えること、あるいはその影響を受けている状態にある空間のこと。」である。
建築においては物理学的な精密な物理法則に基づく機能場の計算式を導くことは不可能としても、「場は〈空間内の状態〉をうみ出すことで、その中に粒子が置かれたときに、粒子は力を感じることができる」とされている。「粒子は場をつくり、その場は他の粒子に作用する。そして、場はちょうど粒子が持つ性質と同じように、エネルギーや運動量という性質をもつ。」と物理学では説明されている。
これは「人びとは場をつくり、その場は他の人びとに作用する。そして、場はちょうど人びとが持つ性質と同じようにそこを利用したり、運動するという性質をもつ。」と建築においては書き替えが可能である。
場が人びとに作用するとは、場が人びとの動きに機能すると書き替えができることから、建築において人に作用する場は「機能場」と定義することができる。
伊東豊雄は「機能主義」には可能性がないと語っているが、それは20世紀前半の機能能主義である。つまり機能と空間量の一対一対応によって建築を組み立てることには、すでに新しい生き生きとした建築を生み出すことはできないということである。
機能主義は人間を計量可能な寸法として抽象化し、その行動範囲や人数を計量可能な量として把握する。建築計画学はその量を受け入れる面積と容積を合理的に結びつけることで建築を機能的なものとした。

しかし場という概念は人間に対して何らかの作用をすることを機能として捉える。
そこで「機能場」という概念に基づき「せんだいメディアテーク」以降の伊東豊雄の作品を考察してみる。
それは何故伊東豊雄が「せんだいメディアテーク」の完成後に起きた東北大震災の復興において提案した「みんなの家」において、建物の形態をデザインすることを問題としない建築を提示した意味を考えるにあたって、伊東豊雄にとって建築は「機能する場」の創造が建築の問題であるがゆえに、デザインとしての形は別次元の問題であると考えれば、一貫した建築の問題追求として理解可能ではないかと考えたからである。
「せんだいメディアテーク」は水平なスラブを柱が支えるル・コルビュジエのドミノシステムの進化形と考えることができる。進化しているのはスラブを支える柱がゆらぐチューブとなっている点であるが、チューブは縦動線として人びとや空気や光が垂直方向に流動する空間となっている。
このゆらぐチューブの平面図における配置を見ると均等に配されているのではなく、そこには各階の平面で不均等な配置がなされている。それゆえチューブは各階で揺らいでいる。
平面図において不均等なチューブの余白が人びとの活動に作用する場をつくっている

と考えることができる。

「せんだいメディアテーク」の後に設計された「台中国立歌劇院」はチューブが立体格子状に組み立てられているという意味ではチューブ空間の三次元化といえるが、機能する場の創造としてこの建築を見ると、3次元チューブ構造の内側と外側のトポロジカルな場の関係として、全体が機能場の連続する疎密空間として人びとのここでの行為に作用するよう組み上げられていると考えることができる。

それゆえこの建築は機能場のトポロジカルな組み立てであるがゆえに、CTスキャンを応用した断面の連続的な疎密の展開として（空間）は記述されることが、もっとも空間としては理解可能であるということがわかる。ここで機能場は空間としてはチューブの内外の場の密度差として空間化されていると理解することができるといえるだろう。

2015年に完成した「みんなの森　ぎふメディアコスモス」は機能場という概念で空間をとらえると、揺らぐ天井と疎密な平面によって空間の密度差による場がつくられているだけでなく、グローブと呼ばれる天井から吊り下げられた半透過性の布張りの天蓋によって機能場としての人びとが集まり、くつろぐ場が視覚化されていると考えることができる。

さらに「みんなの森　ぎふメディアコスモス」はこの場所の地下水の豊富なことを利用して、空調システムが場所の特性としての自然の力を味方にする建築をつくり出している。これは近代主義の建築がテクノロジーによって自然を力ずくで征服して、自律した人工環境としての建築をつくりだしたことに代わる、新しいテクノロジーと場所の特性との関係を提示している。場所の特性との関係を築こうとする限りにおいて、建築は普遍性としての無場所化を目指す近代建築の普遍空間（ユニバーサル・スペース）とは異質な空間となることは必然である。

考えてみれば場所の特性を理解することなしに建築を構想することはできない。その意味で「みんなの森　ぎふメディアコスモス」は西欧文明が生み出した20世紀初頭の近代主義の均質な空間を乗り越えようとする試みとしての、場所における建築の有り様の探求として位置づけることができるように思う。

20世紀の近代建築における機能空間は、機能に対応する平面と高さによって機能単位とする立体（ヴォリューム）を位置付けて、それらを導線で結びつけるという方法が基本的な機能空間の組み立て方である。

ミース・ファン・デル・ローエの提示したのはコアと名づけられる、機能空間として均質な広がりの使用機能を成立させる縦導線や水回りを集約した部分が相補的に無限定な空間と対応することで、どのような使用機能にも対応する普遍的空間を提示して、

これをユニバーサルスペース（普遍空間）とした。

このユニバーサルスペース（普遍空間）と機能場を比較すると、機能場は空間的には均質性の広がりではなく、粗密性という空間の性格が表れている。

それは平面的には構造体や縦導線の配置が平面のなかで自由な位置に設定されたり、天井面の高さに高低のあるゆらぎが表れたり、壁の曲面が3次元的に揺らぐことによって建築的にはつくられている。このことは重力場によって空間が曲がるという物理学の20世紀最大の発見とのアナロジーであるが、均質空間に対する批判としてのポストモダニズムが建築の歴史的な様式の表層的な処理や地域的な素材の表層をまとうという、何れにしても表層における視覚的新規性による建築の目新しさを追求したこととは次元の異なる均質空間批判であるところに、最も重要な問題提議としてのモダニズムの進化としての建築的な本質性があるということができる。

このような機能場は人と人が共通して集まり空間を共有する場をつくりあげていることが現代の人間、つまりアンドロイドにとってより大きな意味がある。

それは近代のダス・マンつまり抽象的人間として数量化された人間（20世紀の近代人）が徹底的に孤立した孤独な人間としての存在を生きることを強いられ、コミュニケーションも貨幣の交換しか交通の方法を持たないことに対して、機能場としての空間はアンドロイドにとってのコミュニケーションの相互交通に対して空間を媒体として作用することに意味があることはさらに重要であろう。

その意味で伊東豊雄が東北大震災後に提案した「みんなの家」に込められた問題を理解することが可能となる。人はひとりでは生きることはできないし意味もない。

伊東豊雄は建築がこれから向かう方向として自然という言葉を示している。そしてそのイメージとして渦巻く唐草のようなパターンを示している。西欧の概念である建築は「混沌とした過剰な〈生成〉に対して、もはや一切〈自然〉に負うことのない秩序や構造を確立すること」（『隠喩としての建築』柄谷行人）である。したがって自然という言葉を伊東豊雄がこれからの建築の問題とするとき、建築とは西欧的な意味においては自然とは独立した人間の思考が意思として構築するものであるという概念の中に、自然との関係を意思として構築することと言い換えることができる。それは人間が科学技術を持つ以前の建築にかえることではなく、自然との関係をテクノロジーを介して組み立てることと言い換えることができるだろう。

ここには自然を征服しようとするテクノロジーではなく、自然との関係を築くテクノロジーという新しいテクノロジーのテーマが要請される。20世紀のモダニズムの流れはテクノロジーの力によって自然を征服しようとしてきた。新たな建築はおそらくテクノロ

ジーを介した自然と建築の交歓の思考が可能とするだろう。

20世紀の近代建築の思考は自然と分離し、自律した人工的な秩序の構築をテクノロジーによって築こうとしたものであったと言えるだろう。そのあげくに到達したのはどこまでも続く均質空間の断片としての建築であった。ここには自然と分離された人工世界だけがあり、人間はこの中で自らのいる位置を数字でしか確認できない。それどころか人間も数値化された抽象的人間としてしか存在しない。さらにここには物やエネルギーの循環はなく、一方向的な物やエネルギーの消費によって自然と分離した世界が自動運動している。

自然とは言い換えると循環の複雑なシステムの時間的な断面が感受されるものとして、混沌とした事物の関係の絶えず変化する最適化として、秩序を生み出し続ける断面と言えるのではないだろうか。そうだとすれば流れと淀みの中で機能する場としての建築を提示した伊東豊雄の建築の先に見えるのは、自然という循環の流れの断面との動的な揺れ動きとして成立する建築ではないだろうか。

循環である自然は全ての事象を流れとして現象させる。水はすべての生命を育むものだが、海の水が太陽のエネルギーを受けて大気のなかの水蒸気となりそれは雲をつくり雨となって降り注ぎ川になりふたたび海に注ぎ込む永遠の循環である。

伊東豊雄が最初に建築家として師事した菊竹清訓もメンバーのひとりであった1960年代のメタボリズム・グループは、メタボリズムという生物の新陳代謝という物質の流れの概念を建築に取り込もうとしたが、彼らは当時の高度経済成長という時流に乗るために、生物の成長という一方向の拡大のイメージを経済の成長と建築の増殖可能性として象徴的に表現することにとどまってしまった。プロデューサーであった川添登はメタボリズムの中に伊勢神宮に見られるような、自然の循環のなかに成立する建築を目指したかったのかもしれないが、1960年代は経済成長としての建築が目的とされた時代であった。メタボリズムは時流の表現に同調して埋没してしまうことでイヴェントとしての建築運動となってしまった。

自然の循環の流れの中に建築を成立させることは西欧の概念である「建築」には未知の課題である。

21世紀になって伊東豊雄が建築の問題として自然という循環の流れを問題とするとき、この問題は、万物を自然の一部として認識する伝統のあるアジアから切り開かれる、可能性としての「建築」の21世紀のモダニズムの方向の可能性であると考えることができる。

モダニズムとはテクノロジーによって建築の可能性と概念を切り開くことと定義すると、

20世紀の西欧のモダニズム建築に対して21世紀のアジア発のモダニズム建築というものがあるだろう。そしてそれはテクノロジーの自立した運動としてのモダニズムという西欧的モダニズム概念ではない。
21世紀の建築とテクノロジーの新しい関係が自然という循環に接続した流れとして成立する領域が、これからの「建築」の有り様が立ち現れてくる可能性である。
自然が生命を育むように、そこではアンドロイドが人間としてふたたび自然の循環と結ばれた生を育まれるだろう。

瀬戸内海の大三島で伊東豊雄と伊東建築塾生たちによる瀬戸内での新しいライフスタイルの探求は、小さなささやかな試みであるが、これまで瀬戸内海で行われてきた観光という20世紀的な概念での地域の商品化による経済活動を越えようとする試みが示されているように思う。ここには20世紀の文明を支えた経済システムである資本主義の次の経済システムとしての、ポスト資本主義的な交換関係の萌芽を感じさせるものがある。塾生たちが自主的にここにある空き家を改修して生活を始める。
また例えばここに移住した若者がここでブドウを栽培してワインをつくり、それを商品として売るだけでなく、宿泊もできるフランスのオーベルジュのような施設の構想が進んでいるが、ここには場所の特性に対して共感して根づいた人と、都会の人との貨幣交換だけでは成立しない人と人との交換が可能になるかもしれない。都会から来た宿泊者と地域の特産を通して、ここで生活する人びとと共に自然と生活を共有する場が将来できることを想定できるように思う。ここから地元の人たちと都会の人びとが交歓を共有する、瀬戸内海という場を生み出そうとする方法を模索し始めているように思える。
これは観光という場所の商品化による貨幣交換の先にある人と人との純粋交換の可能性である。

大三島での伊東塾のイヴェントで、ヤマハの技術者が参加したゴルフ用のカートを応用した低速の島内交通の実験を見た。高齢化が進み過疎となったこの島では現在では公共交通は成立しない。地方ほど自動車交通が必需品なのである。しかし高齢となり自動車が運転できなくなり孤立した老人は住むことが困難な状況になる。もし衛星を使った自動運転技術がこのカートにくみこまれて無人で制御できれば、いつでも少人数でも携帯端末で連絡するだけで自宅まで送り迎えしてくれるだろう。公共交通としてこの島の中を移動して日用の品を得たり、人に会ったり、医療施設に通ったりすることができるようになるだろうと思った。
また第4回「瀬戸内海文明圏これからの建築と新たな地域性創造・研究会」シンポジウ

ムでは過疎の地域での空き家の活用を前提として、グローバルな通信技術を利用したビジネスと生活の可能性を瀬戸内海の島嶼部で探求する。

これらのことに共通するのは20世紀的な経済システムと産業の合体がもたらした大都市への集中だけでなく、21世紀にはテクノロジーと地域とポスト資本主義が結びついたところに成立する新しい人間のライフスタイルの可能性である。それはテクノロジーの自律した展開としてのハード（力ずく）なテクノロジー社会ではなく、自然とテクノロジーがソフト（お互いに）に結びついた新しい文明の可能性の萌芽に対する期待である。

みんなこれからの建築をつくろう。

台中国家歌劇院｜台湾台中市｜2016
National Taichung Theater

チューブ状の身体器官を想起させる南面ファサード。

1階エントランス。

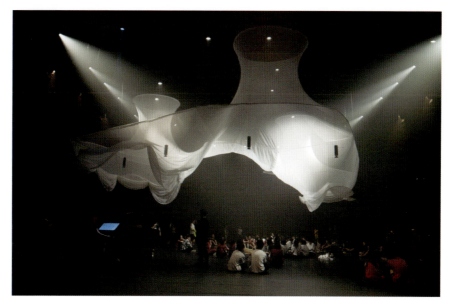

2階から4階までを貫き配されたグランド・シアター。

長手断面図　縮尺1/500

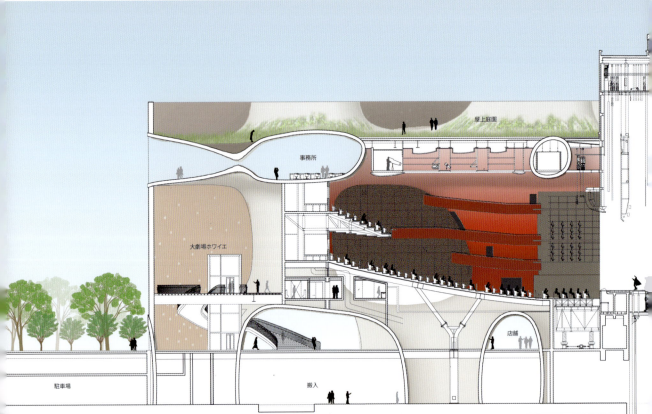

大劇場長手断面図　縮尺1/500

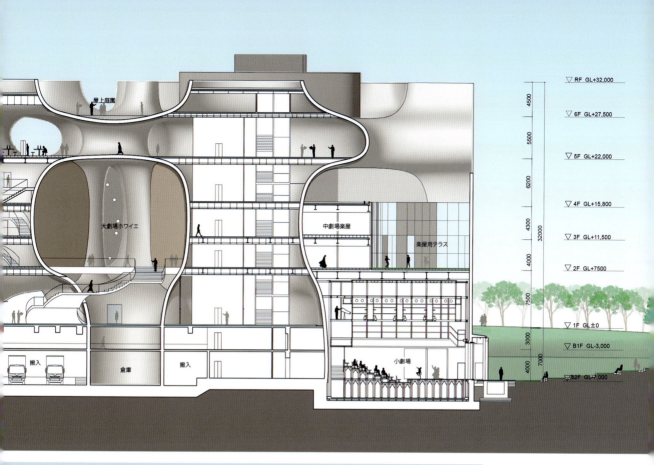
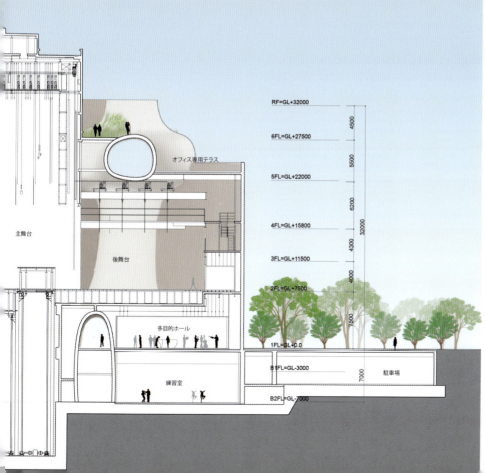

配置図・1階平面図　縮尺1/1,800

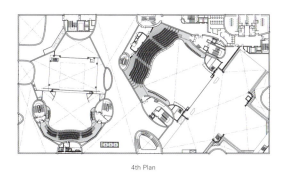
4th Plan

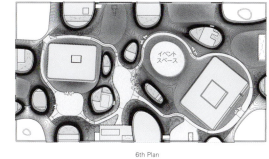
6th Plan

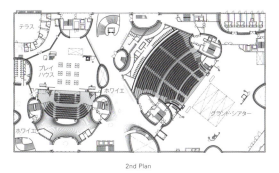
2nd Plan

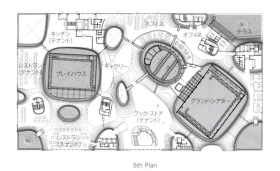
5th Plan

平面図　縮尺1/1,800

みんなの森　ぎふメディアコスモス｜岐阜県岐阜市｜2015
'Minna no Mori' Gifu Media Cosmos

布とポリエステルを組み合わせた半透明の素材でつくられた「グローブ」と呼ばれる傘のようなオブジェの下が閲覧スペースになっている。

しなやかにうねる天井に覆われ、サイズのことなる計11個のグローブが吊られた2階の開架閲覧エリア。縦横9.2mのグリッドの柱列からなる均質なストラクチャーの中に、さまざまな場がつくられ流れるように配されている。

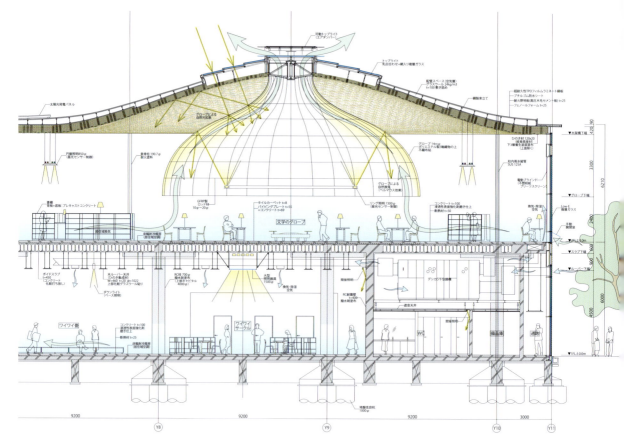

断面詳細図　縮尺1/200

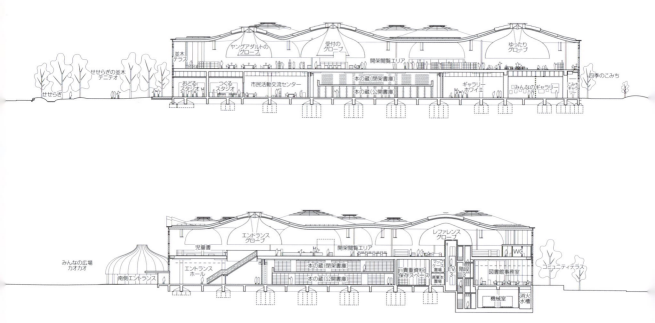

断面図　縮尺1/800

2nd Plan

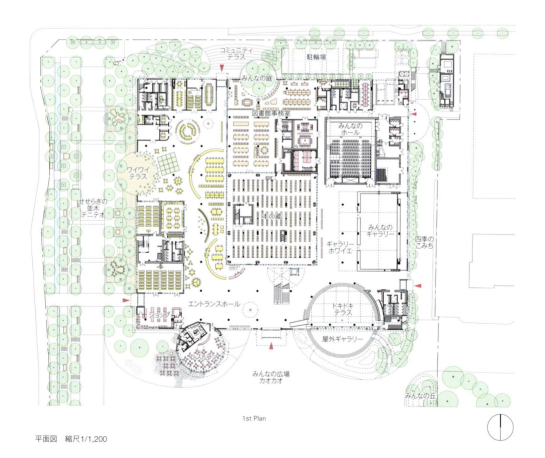

1st Plan

平面図　縮尺1/1,200

東京−ベルリン／ベルリン−東京展 | 2006
"Tokyo- Berlin / Berlin-Tokyo"

ミース・ファン・デル・ローエ設計のベルリン新国立ギャラリーでの展覧会の会場構成。

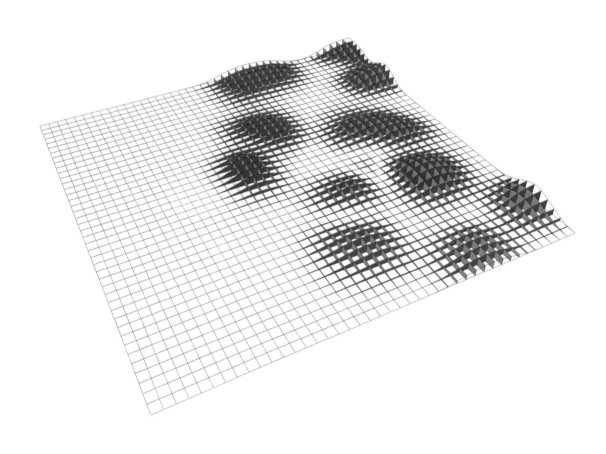

ミースによる50.5m四方平面、高さ8mの全面ガラス張りの無柱空間のようなグリッドの中で、天井には手をいれず、うねるような波打つ床が設定された。

座・高円寺 | 2008
ZA-KOENJI Public Theatre

300人を収容する2つのホールと、100〜200人収容のホールを内包する、鋼板コンクリート構造のパフォーミングアート専用劇場。周辺環境への配慮から全体の2/3が地下に設けられた。

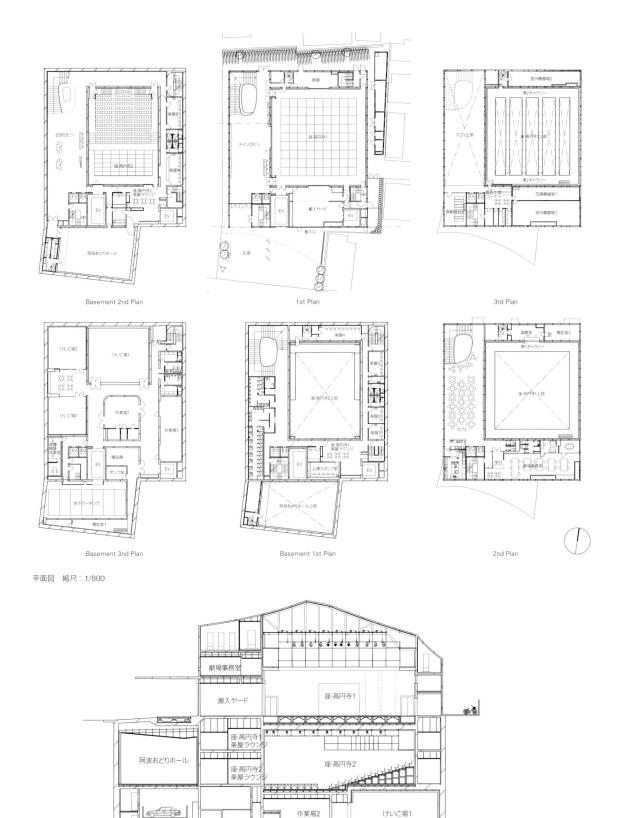

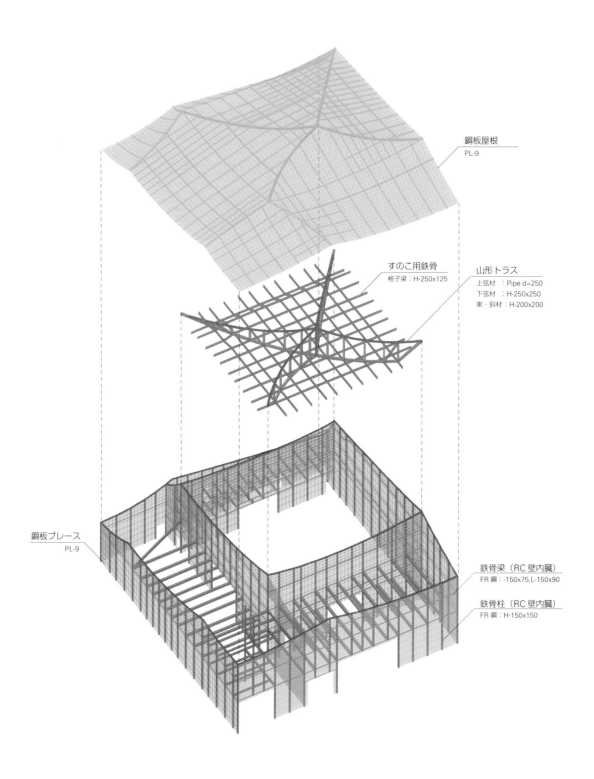

構造システム図

終章　21世紀アジアの地域に向けた新しい建築（大連講演会）

唐草模様

唐獅子

「曲水流思」(上海PSA展覧会)

伊東豊雄：你好！日本とも大変関係の深い大連に初めて来させていただきました。

今日はこのような大変盛大なレクチャーの機会をつくっていただき大変感謝しています。
今日のテーマは21世紀にアジアからどのような建築を発信できるかを考えていきたいと思います。
20世紀の建築は端的に言いますと、建築と自然との関係が切れていた、建築が自然から自立する、といったのが主なテーマであったと思います。
しかし今、私たちはもう一度アジア人としては自然と建築とは結ばれる、うまく繋がっている、どのようにしたらこのように考えられるのかが最大のテーマだと思っています。
みなさんもよくご存知のパターンだと思うのですが、日本では唐草模様、チャイニーズグラスと言われている模様があります。少し前まではカバンの代わりにものを包むための風呂敷という一枚の布の絵柄として使われていました。
これはたくさんの渦を巻く植物の模様ですよね。そしてこの渦を巻くことがアジアを象徴するシンボルであると思っています。風呂敷でものを包むと単に包まれるだけでなく、唐草の渦を巻く力がものに伝わってくる、ものが心を持ち始めると言われていました。
日本では唐獅子、つまり中国のライオンと呼ばれている想像上の動物は、いたるところが渦を巻いて描かれています。
自然はいつも渦を巻いて動いている、ダイナミックに動いている、しかし建築は幾何学でつくられていて、いつも静止している。
これは僕にとっては矛盾なのです。私はこの動かない建築にどのようにして自然のこのダイナミックな動きを取り入れていけるかを考えてきました。

これも皆さんの方が私よりもよく知っていると思いますが、中国では「曲水流觴（キョクスイリュウショウ）」と言われている、水の流れの中から杯を汲み上げながら歌を読む、という遊びがあったと聞いています。
2017年の春、上海のPSAで行われた展覧会のタイトルをその言葉にヒントを得て「曲水流思」(P.228)と付けました。
流觴の代わりに思、思想ですね。曲がって流れる水の中から思想を汲み上げるという意味です。
会場では長さが100m近くもある、湾曲したテーブルを用意して水の流れになぞらえ、その上に一番初期の作品から、進行中のプロジェクトまでを年代順に模型、図面、スケッチ、写真などによって展示しました。
大変たくさんの方が見てくださったのですけど、これも、流れていく水

薬師寺　食堂（内部計画）

平城京 ©薬師寺

白鳳伽藍鳥瞰図 ©薬師寺

の中から自分の作品が次々に創られていくような、時間の流れに沿って建築が出来ていくということを見ていただきたかったのです。

奈良、日本のかつての都に建てられた薬師寺というお寺が現存していますが、2017年の7月に、その伽藍のなかの食堂（ジキドウ）が復元され、その内部をデザインしました（P.232）。
この建築様式は約1300年前に中国から伝えられたものです。
2つの塔のうちのひとつ、東塔だけが当時のまま残されているのですが、その他の建物は全て地震で壊れたりして、建て直されたものです。
お坊さんたちの食堂、ダイニングスペース、これが今回復元されました。
外側は元どおりに復元されなければならないということで、私は関わっていないのですが、内部はかなり自由にデザインして良いということで関わりました。
断面方向で見ると16mのスパンなのですが、昔は4列の柱で、木構造で支えられていたのですが、今はこんな巨木が調達できないので、柱は鉄骨の上に木材で被覆し、梁は鉄骨でつくられました。
復元された食堂の内部の中央には6m角の阿弥陀如来の絵が日本画家の田渕俊夫氏によって描かれ、その両サイドに7面ずつの風景画が描かれました。
私はこの阿弥陀如来の光背が天井まで広がっていくイメージで天井のデザインをしました。
アルミのプレートをカットして、金色に染めたものです。
両サイドに描かれている絵は、当時、7世紀の初め頃、遣唐使、遣隋使が中国に渡航し、帰国時の風景を描いたものです。天井は渦を巻いている、雲のような流動的なパターンを描きたいと思いました。
当時、彼らは九州から寧波を通って長安の都まで行ったのですが、小さな船で、かなりのリスクを侵しながら、それでも多くのことを学んで帰ってきたわけです。
日本最古の都市、奈良の藤原京は、全くの自然の中に街がつくられ、そこに最初の薬師寺が建てられたのです。
今我々日本の多くの人が、例えば学生も修学旅行などで薬師寺を訪れます。こうやって、薬師寺が見たこともない都市空間の中に突如登場した時代を想像すると、現代建築を見るのとは比較にならない衝撃だっただろうと思われます。
以上がプロローグです。ここからが本番です。

せんだいメディアテーク コンペティション模型

私がどのような考え方で、自然と建築との関係をつくるかを、いくつかの例をお見せしながらお話ししていきたいと思います。この「せんだいメディアテーク」(P.160)という図書館を中心にした建物が出来上がったのが2001年、コンペティションは1995年でした。

大きな木の幹が林立しているような、そんなイメージのモデルですが、私のなかには、いつも森の中とか林の中のイメージはあります。

7層の床が13本のチューブによって支えられていますが、これは構造体であると同時にその中にEV、階段、その他エアコンディショニングのダクトなどが入っています。

チューブは有機体のように、単に円筒ではなく、渦を巻きながら上昇している。このことがこの建築で大きな意味を持っています。

この建築の中にはあまり壁がありません。

そしてその壁がないために人びとは自分の居る場所を選ぶことができるわけです。小さな子供からお年寄りまで、主婦も学生も、みんなが混在していることが公共建築では大切だと思います。

通常の建築では、いくつもの壁によって部屋に分かれて、子供はこの部屋に入って本を読みなさい、大人はこの部屋でビデオを見なさいと別れてしまうのですが、ここでは小さな子供とお年寄りが一緒にいることで、お年寄りは近くを子供が走り回っていたら嬉しいし、子供のお母さん達も周りが見てくれるから安心していられる、仕事ができるのです。

オープンして1年経った時に、館のスタッフから聞いた話ですが、お年寄りのファッションが変わったということでした。

近くに学生さんがいるので自分もおしゃれするようになったのです。

この建物では自由なスタイルでいろいろな場所でさまざまな活動が行われている、公園の中のような、或いは林の中のような、自然を感じさせる建築だからこそこれが可能なわけです。

次はまた図書館のプロジェクトですが、東京の郊外にある「多摩美術大学図書館」(P.236)です。この構造体はアーチの組み合わせによって出来ています。

アーチはローマ時代からある、古典的な建築のエレメントです。でも、このアーチはかなり新しいアーチです。

ひとつはまず各アーチのスパンが全て違っています。

そして壁厚が非常に薄いアーチです。20cmの壁厚で全てつくられています。

そして3番目に足元が非常に細い。そしてさらにこのアーチの列が湾曲している。

こういった特徴があります。

非常に地震の多い東京でなぜ、こんなに薄い壁が出来るのかというと、実はこれはコンクリートでできているように見えるのですが、壁内部の

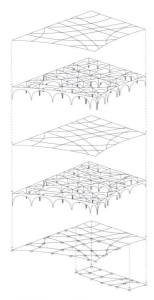

多摩美術大学図書　構成図

台湾大学社会科学部棟

台湾大学社会科学部棟　屋根の形態と柱の位置を決めるための幾何学

中心に鉄板のアーチが入っているのです。
そして鉄板の両サイドをコンクリートで固めています。
アーチの列と、アーチの列はどちらも湾曲していますので、クロスしている部分は交差角度が90度でなく、それぞれ異なる角度で交差しているのです。
地上階は、エントランスと一番奥との間で1mぐらい高低差があります。それはこの周辺の地形がゆるいスロープなのです。ですからそれに合わせて1階の床も、傾斜しているのです。図書館の入口から外側は誰もが通過できるパブリック・スペースです。
カーブしているカウンターは、新しい雑誌などを見るためのカウンターと、DVDを見るためのカウンターとに分かれています。
自由に通過できるところは、アーケードギャラリーと呼ばれ、ここは勾配が20分の1のスロープのため、ボールを置くと転がっていってしまいます。学生達はここで自由にコーヒーを飲んだり、小さなレクチャーを開くこともできます。
2階に上がると、ほとんどの部分は開架の閲覧室です。ここも、こうカーブを描いている書架もあれば、まっすぐなデスクもあります。
外側に向かって緑に面して本を読むカウンターも用意されています。
窓側に座っている人もいれば、内側に2、3人でヒソヒソ話をしながら、調べ物をするようなさまざまな場所が用意されています。アーチという古典的な建築のエレメントを使いながら、内部は木立ちの間にいるようなイメージを感じます。

図書館のプロジェクトが続いてしまうのですが、次は「台湾大学社会科学部棟」（P.246）の図書館です。後方の建物は研究室および教室、吹き抜けているところが会議場です。
この図書館では、3つの中心からスパイラルを描く幾何学によって柱の位置と屋根の形状が決定されています。
柱の密なところ、疎のところがあり、このコンクリートのスラブの間から、柔らかい光が差し込んで、木漏れ日の下で本を読んでいるようなイメージになるのです。
ここで新しいチャレンジだったのが、本棚です。
書架が竹の集成材でつくられています。台湾は竹細工が非常に得意なので、中国から輸入された竹によって、この書架がつくられました。ディテールも非常に綺麗です。

次も図書館を中心としたプロジェクトです。2015年にオープンした、岐阜市の「みんなの森　ぎふメディアコスモス」（P.190）という建物です。
敷地がかなり広かったので、平面が約90m×80mあります。周辺にはできるだけ緑をたくさん配しました。特に西側は西陽が強いので、

みんなの森　ぎふメディアコスモス
プロムナード

200mぐらいのプロムナードをつくって、この中に小さな水の流れも用意されています。

屋根は木構造で出来ています。波打つようなうねる屋根です。

2階の天井から吊り下げられているのが「グローブ」と呼ばれている大きな傘のようなオブジェクトですが、これは布とポリエステルを組み合わせてつくられています。半透明の素材です。この周辺は屋根から自然光が入ってきます。そしてこの下が閲覧のスペースです。

この敷地は大きな川の近くにあって、地下水が大変豊富なので、その地下水をくみ上げて、多少の温度調整をして、1階と2階の床に冬は温水、夏は冷水を流します。地下水による床暖房、床冷房を行うのです。さらに、ここから上がってくる空気、冬は暖気、夏は冷気を、壁が非常に少ないので、ゆっくりと自然の力で循環させます。

屋根の高いところに開閉装置が付いていて、夏はこの暖まった空気が外に排出される、冬は閉じて循環させるという考え方です。

この地域は日本でも有数の、夏暑い場所です。

冬も寒い場所なのですけれども、このように空気を循環させることによって、外のそよ風を感じるような気持ちのいい読書空間が、ここに生まれています。

上部からの自然光はグローブによって柔らかい光となって閲覧空間に届けられる。あるいは屋根にソーラーパネルを配することによって、従来の同規模の建物に比較して消費エネルギーを半分に減らす目標を最初から立て、実現出来ました。

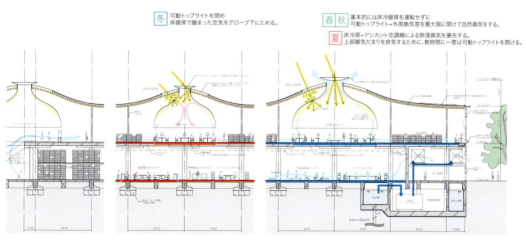
みんなの森　ぎふメディアコスモス 環境ダイアグラム

みんなの森　ぎふメディアコスモス
屋根の施工写真

屋根の構造は厚さが2cmの板を3方向に60度ずつ互い違いに重ねながら、湾曲する屋根をつくっています。合わせて21層、42cmの厚さの屋根でつくられています。

このような連続する曲面の屋根をつくることによって周辺の里山の風景とも調和しますし、構造的にも有利です。また、空気の流れも促進させるといったメリットがあるのです。

1階は真ん中に、ガラス張りの閉架の書庫を置いています。東側には200席程度のオーディトリアム。閉じられたギャラリースペースとオープンなギャラリースペースがあります。

プロムナードに面して市民活動交流センターがあり、長いオープンカウンターがあり、その奥には20名ぐらいの職員がいて、市民のリクエストや相談に応じてくれます。

市民活動交流センターには、いくつものワークショップのスペースや、スタジオが並んでいます。

カフェのような場所もあり、学校帰りの子供達がここで話し込んだり、おじいさんがコンビニで買ってきたお弁当を食べていたりしますね。

グローブは11個吊られています。そのほかに西側のテラス、東側、南側にも屋根のあるテラスが用意されており、外の風を感じながら本を読むことができます。

2つの小さな子供のためのグローブも用意されています。

スパイラルを描いている本棚も設置されています。

次に、メキシコで2016年にオープンした「バロック・インターナショナルミュージアム・プエブラ」（P.254）のプロジェクトを紹介したいと思います。

プエブラという、メキシコシティから車で南の方に、2時間半ぐらい下ったこの街は、16世紀にスペイン人が、メキシコに入植してきたときに、ピラミッドを壊して、キリスト教に改宗させるために、その上に教会を立てていったのです。

メキシコにはバロックの教会と言われている教会がいくつかあります。特徴的なのは、キリスト教に改宗させるために現地のインディオの職人を使って教会を装飾させるのです。

それぞれはとても素朴なのですが、元気をもらうようなプリミティブな装飾なので僕はこれが大好きで、何度かここに通っているうちに、ここでミュージアムをつくることになり、設計を依頼され、2016年の2月にオープンしました。たしか56枚だったと思いますが、カーブした壁の組み合わせで構成されています。

なぜこのような壁の集まりでできているかというと、直角の碁盤目状のグリッドからスタートしてそれを変形しながら、プランに見られるような幾何学に変わりました。

メキシコの教会

バロック・インターナショナルミュージアム・プエブラ

各展示室をねじっていくと、コーナーに小さな、もうひとつの正方形が生じます。その両サイドを曲げると湾曲した壁の集合体になるのです。なぜこんなことをやるのかという理由は、ほとんどのミュージアムでは四角い壁の中に穴をあけて隣の部屋に移っていくのです。

でもそうではなくて、水がカーブの間を通りながら隣の部屋へ流れ込んでいくような流動的な空間をつくりたかったのです。

この小さな空間には上から光が落ちていたり、中庭に通じていたり、小さな緩衝地帯です。

展示室はバロックをテーマにして、建築、絵画、彫刻、文学、演劇、音楽、などをテーマにした展示が次々に展開されています。常設の展示室の他に3つの企画展示室や、小さなオーディトリアムもあります。

2階に上がると、図書館、それからテラスがいくつかありますが、その間にオフィス、レストランなどが配されています。

中庭には渦を巻くような噴水が用意されています。

この構造体の表面はメキシコの工場でプレキャストコンクリートによってつくられました。

高さが15mあるのですが、それを6cmの厚さのプレキャストコンクリート2枚、中間を空けてつなぎ、その間に現場でコンクリートを打つことによって36cmの厚さの壁をつくっています。

内部の展示は私共が対応していません。

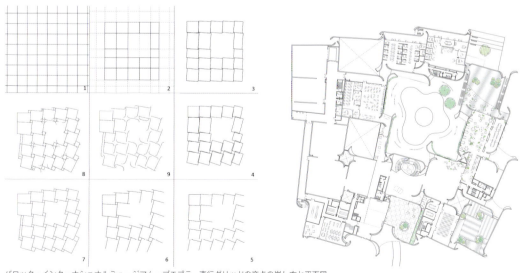

バロック・インターナショナルミュージアム・プエブラ　直行グリッドの交点の崩し方と平面図

台中国家歌劇院　ギャラリースペース

台中国家歌劇院　広場の池夜景

最後に2017年9月にオープンした「台中国家歌劇院」(P.178)のプロジェクトを紹介します。

敷地の周辺部はこの計画を始めたころは何もなかったのですが、今はアパート群に囲まれてしまいました。2005年の暮れにコンペティションがありましたので、およそ11年程かかってオープンすることができました。

外側はキュービックな形態ですが、内部に入ると3次元の曲面の空間で構成されています。

地上部分には2000席の劇場と、800席の劇場が並んでいます。このほか地下には200席の劇場があります。上階にはオフィス、ギャラリースペース、レストランなどがあります。

構造体はすべて現場でコンクリートを打ってつくられました。

1階の平面図を見ると、周りの公園が内部にまで入り込んで、公園の一部というようなエントランスホールです。

この構造体はトラスウォール工法と呼ばれる工法でつくられました。

トラスは地面に鉄板を用いて2次元の曲面を描き鉄筋でトラスをつくるのです。

このような2次元曲面のトラスを次々につくっていくのですが、それぞれの曲線のかたちが少しずつ違っています。

これを垂直方向に20cmの間隔で並べていくとそれぞれ少しずつ形が違いますので、それらを横方向に結ぶと3次元の曲面になるのです。

この3次元曲面の断片を、現場で吊り上げます。

それらを現場で結び合わせ、その両サイドに網を張ります。

そこに上からコンクリートを流すわけです。

細かい網と粗い網とでダブルにして、コンクリートは多少流れ出しますが、メッシュが型枠の代わりとなるのです。

最後にメッシュをはがし、構造体が出来上がります。この上をモルタルで均して吹付をして仕上げです。

11年かかってようやく2016年の秋にオープンしました。

日々大勢の人びとが訪れていますが、大半の人びとは街の中を散策するように、建物の空間を楽しんでいます。ギャラリースペースではオープン時に、わたくしの映像の展示が行われました。

大きなクッションの上にみんな寝転がって映像を見るという展示です。

広場の池も噴水のある観賞用の池だったのですが、子供のプールになってしまいました。

「人間は技術によって自然を支配できる」と考えるのではなく、「自然から祝福されるような建築をつくらなくてはいけないのではないか」というのが私の最後のメッセージです。

謝謝。

大連講演会。主催者と共に。

トーク・セッション

司会：伊東先生の今回の講演で21世紀のアジアから発信するという発想は、これから人間が建築とどういう風なつながりで未来を設計するのか、これはみんなにとっても非常に重要なことだと思います。
岡河先生も今伊東先生と瀬戸内海を未来の建築の思考実験場とされています。
岡河先生からお話をうかがいたいと思います。

岡河貢：伊東さんと、瀬戸内海という場所で新しい文明と建築を考えようと思ったわけです。
その瀬戸内海の中の大三島という島に伊東さんの建築美術館があります。
その横に、伊東さんのご自邸である、東京にあったシルバーハットという住宅が移設をされております。
皆さんぜひ行かれるといいと思います。瀬戸内海の大三島にある伊東豊雄建築ミュージアム。
それで伊東さんも今日、自然に祝福される建築をこれからつくっていきたいということをおっしゃったのですが、20世紀の文明というのは、科学技術、テクノロジーを駆使するという意味で、自然を征服する文明であったと思います。
その文明だけでなくて、もっと、ある意味で言うと、科学技術と自然

とをひとつに結び付けるような文明というものを考えてみる方が、伊東さんの最近の建築を見るとき、伊東さんの大きい方向ではないかと思うわけです。
私は自然と人間の関係を問題として、文明を築いてきたのは、日本もそうだし、中国もそうだし、アジアだと思います。
アジアの文明というのは元々自然と人間の、よい関係をつくり続けようとしたと言えるように思います。
その根底がアジア人には共有できると思います。
伊東さんより次の若い世代なのですけど、伊東さんはすでに、自然に祝福されるという言葉の中に、科学技術が自然を征服するのではないありようで、建築と自然と人間を結びつける可能性というものにも、手掛かりをつかんでおられるのではないでしょうか。
建築と自然の新しい関係を築くことが、今まで西洋でずっと構築されてきたものとしての20世紀の建築の、次の21世紀の建築の何かをスタートをできるかもしれないということを考えています。
今、瀬戸内海で自然と建築と人間、それから、ライフスタイルということも、含めて勉強を始めたということです。
シルバーハットの印象がありまして、東京の中野というところにあった頃に私も訪問させていただいたことがあります。
その時には、まさに東京の最先端の流行の風とか、それから東京という都市のある意味仮設的なバラック性とかそういうもの全部の流れの中にある空間に見えました。
それが瀬戸内海で見たときに、風が流れる、海の風景が流れる、そのような建築に見えました。
伊東さんと一緒に、これからの未来を、アジア人のつくる建築というのをいろんな場所で考えるひとつのきっかけになればと思うわけです。

司会：それは東京の流行も瀬戸内海で？

岡河貢：いや、それは違います。
シルバーハットが東京にあった時には、まさに流行の風の中に浮いているような感じがしたということです。
それで引き続き、伊東さんに少しその辺のイメージ、未来の建築をお聞き出来ればと。

伊東豊雄：いやもう、他のこんなにたくさんの先生がおられる中で僕がこれ以上喋るのは、なんか申し訳ないような気がしているのですけど、まあ、ひとついえば、岡河さんが言われたことの中で、やはり20世紀のテクノロジーって僕らのイメージで言うとハードな硬いテクノロジーな感じがするのです。
つまり、環境をコントロールするのに、暖かいところでも寒いところで

岡河貢氏

伊東豊雄氏

も暑いところでも、そこに人工環境をつくれば、それを冷やしたり、暖めたりすることは20世紀の技術で言えば簡単なことなのだと思う。
でも、それをこれからはもっと自然の中で、自然の中にいるかのように、寒いときには、寒さの中でそれを快適にする。
暑いときには暑い中でそれを快適にする。
それにはより高度な技術が必要なのですね。
それを僕はソフトなテクノロジーと呼びたいのだけど、そういう技術がもう可能になってきているので、もっと高度な建築ができるはずなのです。
先週僕は広州にいました。
今日大連にいて、広州と大連では全然気候も違うし、風土も違うわけだから、違った建築ができてしかるべきだと思うのですね。
それが、まったく同じ建築になっているというのは、まだテクノロジーが発達していないという証拠だと思います。

総合資格・岸隆司：2010年伊東先生と初めてお会いした時に、伊東建築塾の設立に向けた思いをお聞きしました。先生はすでに世界的な建築家で、先生の事務所から世界を舞台に活躍する若手建築家がたくさん巣立っていましたが、伊東建築塾は、建築家だけではなく、照明や店舗をはじめとしたデザイナーや、実際に建築を使うまちの人々、学生など、いろいろな方を集めて、これからの建築やまちの将来像を話し合う場で、ともにこれからの地域づくりをしていこうというのです。
それから、子どもにも建築を教えていきたいということで、子ども建築塾についての構想もお聞きしました。
世界の名だたる賞を受賞している建築家でありながら、私心を捨てて後世のために「今自分に何ができるか」を探求し私塾を開設するその姿勢に深く共感を覚えました。
伊東建築塾の設立が近づいていた2011年3月11日。日本は東日本大震災に見舞われました。多くの建築関係者が被災地へ出向く中、伊東先生もせんだいメディアテークを通じて縁の深い東北の惨状を目の当たりにし、「今までの建築に対する価値観が根底から揺らいだ」と語られていました。
震災後、4月下旬に伊東先生が初めて私の学校に来られました。いよいよ伊東建築塾スタートの目処がついたとお聞きして、資金支援の協力をお約束しました。私自身が伊東建築塾の会員第1号となり、同時期に上梓された伊東先生の書籍に「人生を共に」のメッセージを頂きました。
私どもは日本で建築士を中心とした学校を運営しています。事業としては建築士試験など資格試験に合格させることを主体としていますが、私は業界に未来の日本をつくる人材を輩出する教育機関として、建設関連の深い知識だけではなく、高い倫理観と正しい社会性を持ち合せた資格者の育成こそが、私どもの経営理念であると考えています。

総合資格 岸隆司社長

その考えから伊東先生と一緒にやっていくことがとても大切なことだと感じました。

伊東建築塾 公開講座の初年度テーマは被災地関連一色になりましたが、伊東先生はこれらの活動と並行して「KISYNの会」※を設立しました。伊東先生が先頭に立ち、厳しい環境で過ごしている被災者の方々が一時でも笑顔を取り戻す装置としての建築＝〈「みんなの家」を描こう〉プロジェクトを「帰心（KISYN）の会」発信で立ち上げる。

この「みんなの家」のスケッチ案を世界中から募集し、国内外の建築関係者を中心に写真家、画家等のクリエイターや、学生、幼稚園児まで約250の提案が集りましたが、このスケッチを後世に残したいと伊東先生から相談を受けて、当社で『みんなが描いた「みんなの家」』として同年6月に発刊しました。

2012年8月に第13回ヴェネツィアヴィエンナーレで、伊東先生がコミッショナーとして出展した日本館が金獅子賞を受賞。被災地および「みんなの家」を中心とした出展構成でした。

金獅子賞受賞の栄誉や翌年3月に伊東先生の活動や建築が国際的に認められてプリツカー賞の受賞に結びついたことは、我がことのように嬉しく大変興奮しましたし、少しでも活動のお手伝いができたことを誇りに思いました。

2010年にお会いして以来、一緒にやりましょうということで、伊東先生の活動をずっとサポートさせていただいていますが、逆に毎年のように、総合資格の合格祝賀会で建築士試験に合格された方々にお祝いの言葉をいただいたり、彼らや若手建築関係者に対して会場で講演やレクチャーをしていただくなど、多大なる協力をいただいています。

現在、私どもは、日本全国の大学設計展、講演会をはじめとして、建築学生や若者へ建築の素晴らしさや重要性を啓蒙する活動支援を行っています。

日本における、学生の方々が関わる建築イベントはほとんどサポートさせていただいていますが、そういうことも通じて、伊東先生には大変お世話になっています。

伊東先生の作品は、人を大事にされている。使う人の身になって設計され、そして自然に非常にやさしい。それは伊東先生のお人柄にもよく表れている。年齢や立場などに関係なく誠実に人と人として向き合っていただける。だからこそ共同して将来の業界を担う若者向けの試みも実現できているのだと思います。

今後も後世のために、お互いの持つ強みを有機的に組み合わせながら継続的且つ発展的に歩調を合わせて行きたいと思います。

※「KISYNの会」：K＝隈研吾、I＝伊東豊雄、S＝妹島和世、Y＝山本理顕、N＝内藤廣

みんなの家｜2011〜
Home-for-All

釜石商店街のみんなの家・かだって。©Yoshiyasu Saijo

上より、仙台市荒浜地区にて 2011年4月。釜石での復興まちづくりワークショップ 2011年6月12日。宮城野区みんなの家の打合せ。陸前高田みんなの家 現地でのプレゼンテーション 2012年2月26日。

上より、仙台市宮城野区みんなの家 懇親会。岩沼みんなの家 庭でのバーベキュー。© INFOCOM　仙台市宮城野区みんなの家 住民たちのお茶会。新浜みんなの家で住民の方々と。

上より、岩沼みんなの家 産直販売。仙台市宮城野区みんなの家 竣工式後の芋煮会。気仙沼K-port。K-portカフェ内観。

上より、西原村被災地視察 2016年4月27日。仮設団地の配置を検討 2016年4月27日。益城町木山のみんなの家完成式 2016年12月3日。益城町テクノのみんなの家桜贈呈式＆完成式 2016年12月4日。

「伊東豊雄　曲水流思」上海PSA展覧会 | 2017
TOYO ITO: ON THE STREAM

100m近い湾曲したテーブルに、最初期の作品から現在進行中のプロジェクトまでを年代順に、模型、スケッチ、図面、写真などによって展示・構成された。

Plan of the Exhibition

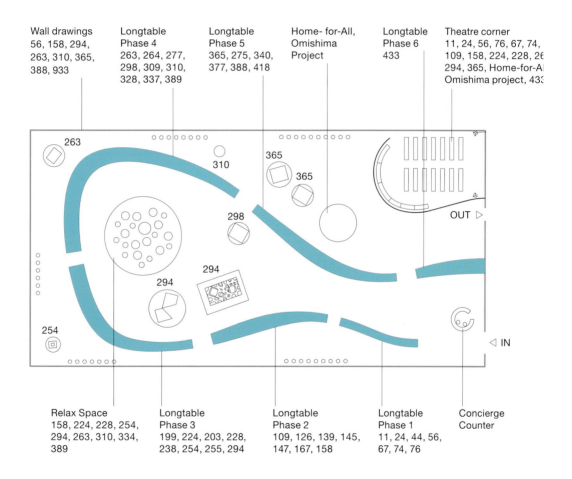

展示平面図

薬師寺 食堂（内部計画）｜奈良県奈良市｜2017
Interior Design for the Reconstruction Project of Jikido in Yakushiji Temple

阿弥陀如来の光背が天井まで広がっていくイメージの天井デザイン。

天井伏図　縮尺1/200

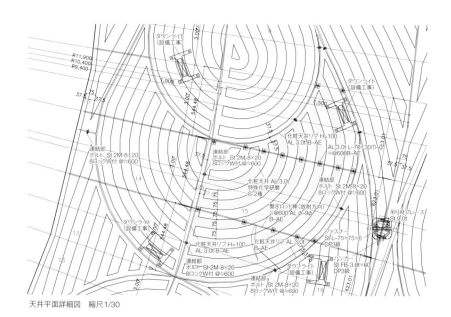

天井平面詳細図　縮尺1/30

天井断面詳細図　縮尺1/20

多摩美術大学図書館（八王子キャンパス）｜東京都八王子市｜2007
Tama Art University Library (Hachioji Campus)

スパンの異なるアーチラインが湾曲しながら交差し構造体を形成する。厚さ200mmの壁の
連続体が建築全体をつくり出している。窓には湾曲した外壁と同じ曲率で曲げられた15mm
厚のフロートガラスが嵌められ、滑らかな外観を印象づける。

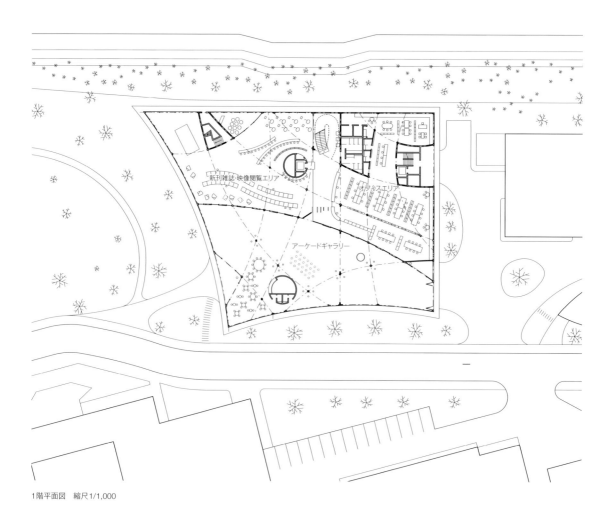

1階平面図　縮尺1/1,000

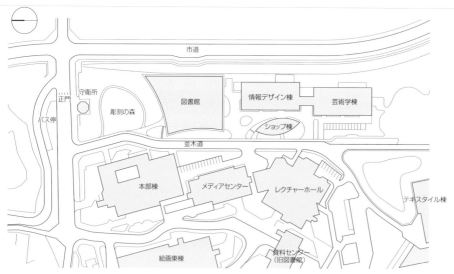

配置図　縮尺1/3,000

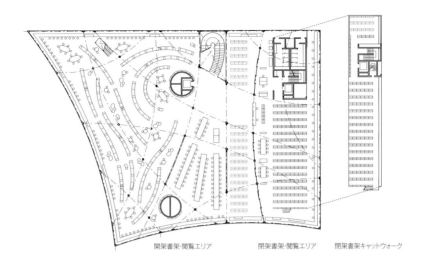

開架書架・閲覧エリア　　　閉架書架・閲覧エリア　　閉架書架キャットウォーク

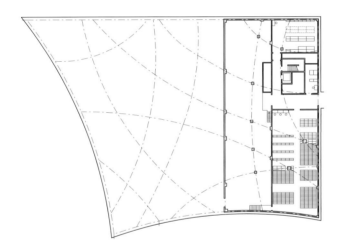

平面図　縮尺1/1,000

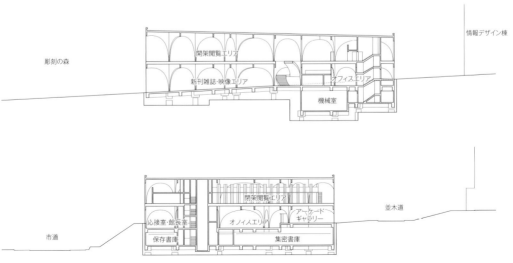

断面図　縮尺1/800

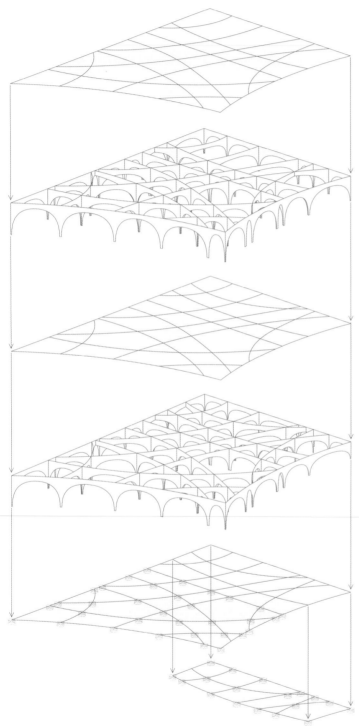

屋根スラブ
RCボイドスラブ
t=250〜450
コンクリートの内部に中空層を設けることで、表面に小梁のないフラットなスラブをつくることができる。ボイドスラブの採用により、アーチの配置をグリッドに縛られることなく設計することができ、緩やかにカーブするランダムなアーチラインが可能になった。

2階アーチ
SC構造
t=200
免震装置とアーチ構造の組み合わせにより、1階2階とも耐震壁や耐震コアが不要になる。柱の接地面積が小さいので、広々としたワンルーム空間に、書架や閲覧スペースを自由に配置することができる。

2階スラブ
RCボイドスラブ
t=250〜450
図書館のメインフロアとなる2階スラブは、最大積載荷重を800kg/m²とし、図書館として十分な強度を確保している。また、積層閉架書庫部では、1階にアーチ列を追加することで更に強度を上げ、蔵書の増加にも対応できる設計となっている。

1階アーチ
SC構造
t=200
鉄板をコンクリートで被覆した、スレンダーな構造体。足下を細く絞り込むことで、目線レベルでの見渡しを良くしている。上部の積載荷重が多く想定される箇所では、アーチの密度を上げている。

1階スラブ（一部地下1階）
RCスラブ
t=180〜200
床下免震
建物全体は、免震装置の上に載せられている。免震機構によって、上部の構造体がスリムになるだけでなく、地震時の書架の転倒や図書の飛び出しなどを抑えることができる。免震層は設備配管スペースとして利用されるほか、地下の空調機械室への外気取り入れに際しては、このスペースをクールチューブ的に利用している。

展開アクソノメトリック図

台湾大学社会科学部棟 | 台湾台北市 | 2013
National Taiwan University, College of Social Sciences

柱はスパンの違いにより3つの形状があり、天井・屋根と一体化した樹木のような構造体を成している。柱の位置はアルゴリズムに基づいて決定され、場に疎密を生み出している。

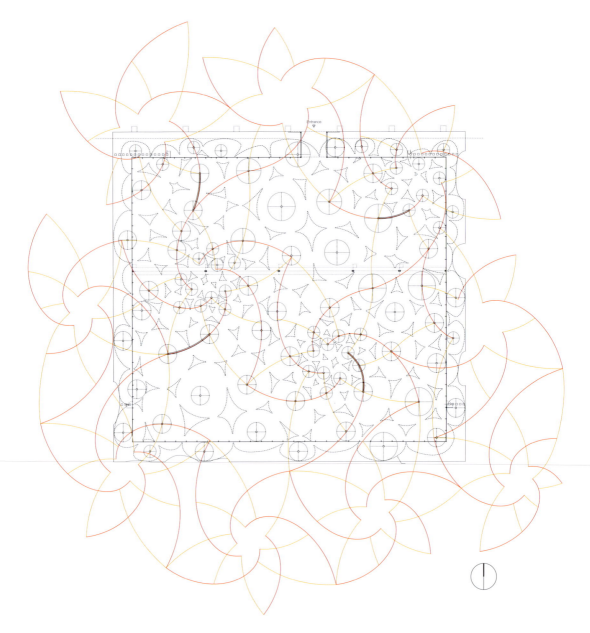

屋根の形態と柱の位置を決めるための幾何学　縮尺1/600

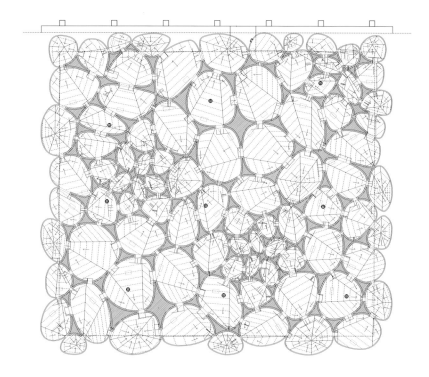

図書館棟屋根伏図

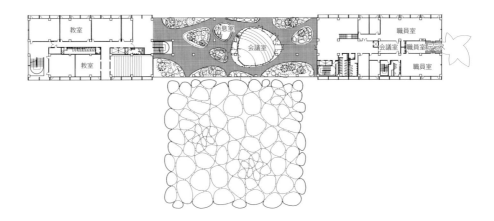

3階平面図

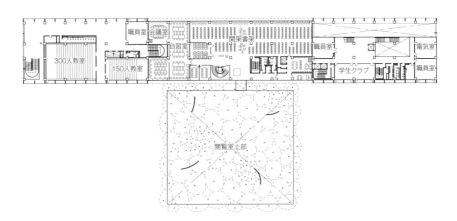

2階平面図

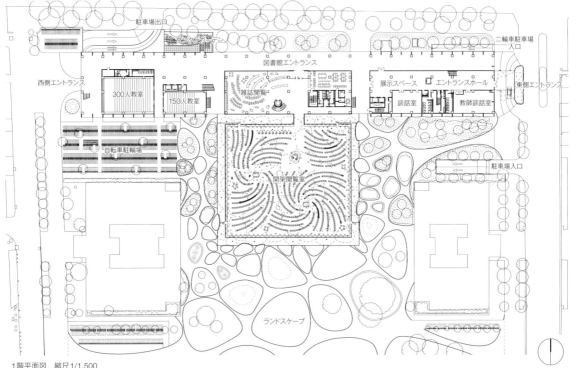

1階平面図　縮尺1/1,500

253

バロック・インターナショナルミュージアム・プエブラ｜メキシコ、プエブラ｜2016
Museo International del Barroco

平面に顕著なように、グリッド状の幾何学にゆがみを与え流動化させる。そうすることで各グリッドのコーナー部分に、もうひとつの小さな正方形が生じ、この緩衝空間を介して各展示空間を結びつける動線がつくり出された。

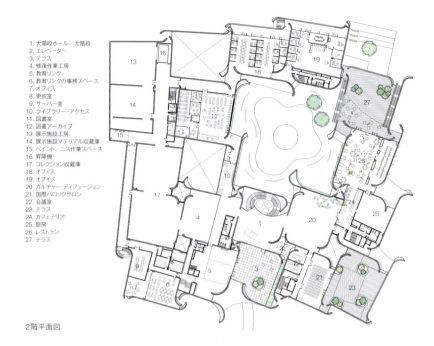

1. 大階段ホール／大階段
2. エレベーター
3. テラス
4. 修復作業工房
5. 教育リンク
6. 教育リンクの事務スペース
7. オフィス
8. 更衣室
9. サーバー室
10. ライブラリー・アクセス
11. 図書室
12. 図書アーカイブ
13. 展示施設工房
14. 展示施設マテリアル収蔵庫
15. ペイント、ニス作業スペース
16. 昇降機
17. コレクション収蔵庫
18. オフィス
19. オフィス
20. カルチャー・ディフュージョン
21. 国際バロックサロン
22. 会議室
23. テラス
24. カフェテリア
25. 厨房
26. レストラン
27. テラス

2階平面図

1. エントランス・ホール
2. 大階段ホール
3. エレベーター
4. クローク
5. 救急医療室
6. 展示ホール
7. 企画展示室
8. 企画展示室
9. 特別コレクション展示室
10. 常設展示室1:世界劇場
11. 常設展示室2:天使達のプエブラ
12. 常設展示室3:バロックの感覚
13. 常設展示室4:時代の新秩序
14. 常設展示室5:知へのアレゴリー
15. 常設展示室6:喜びと感動
16. 常設展示室7:聴覚の技巧
17. 常設展示室8:今日のバロック
18. ミュージック・ボックス
19. ショップ
20. パティオ
21. オディトーリオ・ホワイエ
22. オディトーリオ
23. 楽屋控室
24. 一時保管収蔵庫
25. 検疫室
26. ローディング・ドック
27. 昇降機
28. テラス
29. 鏡池
30. キオスク
31. 池

1階平面図　縮尺1/1,500

260

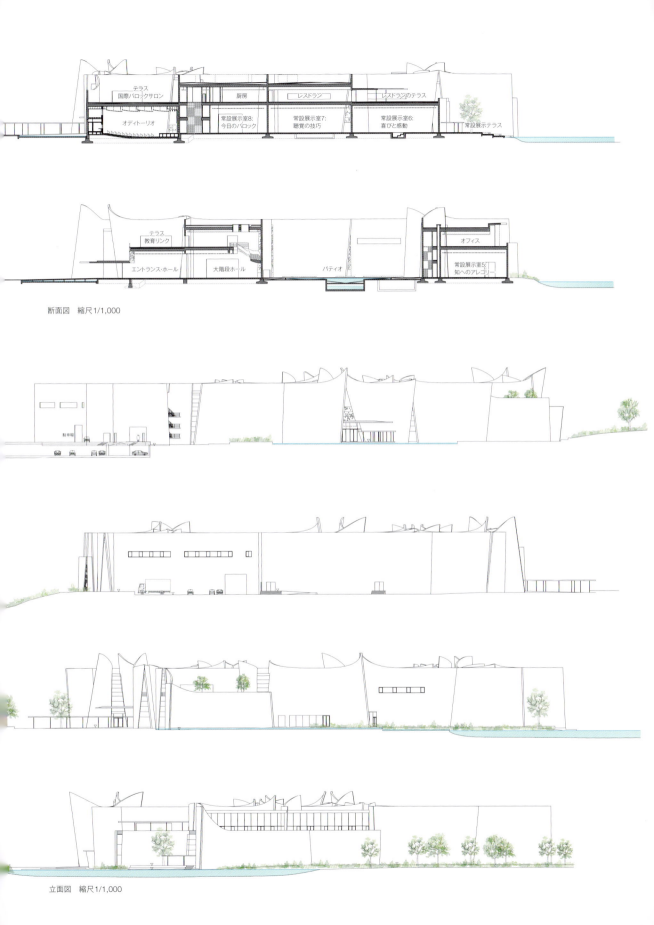

断面図　縮尺1/1,000

立面図　縮尺1/1,000

今治市伊東豊雄建築ミュージアム｜愛媛県今治市｜2011
Toyo Ito Museum of Architecture, Imabari

瀬戸内海の大三島に建てられた建築ミュージアム。「スティールハット」は主に展示に対応し、伊東の自邸を再生した「シルバーハット」は主にワークショップに対応している。

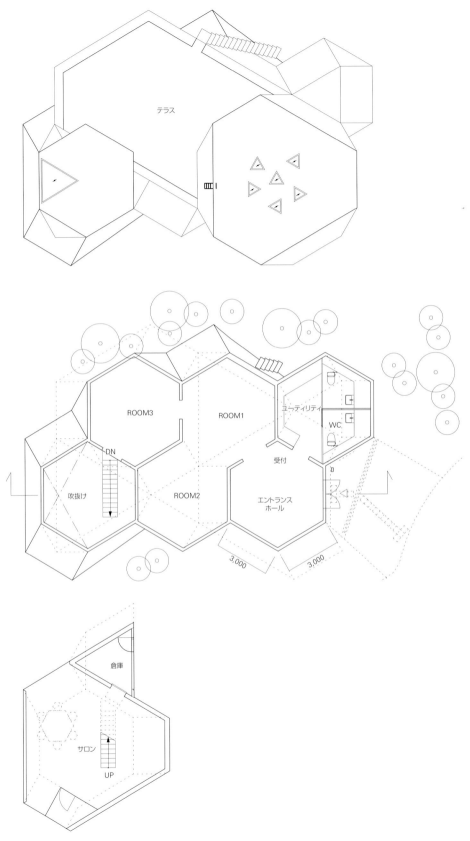

平面図 縮尺1/200

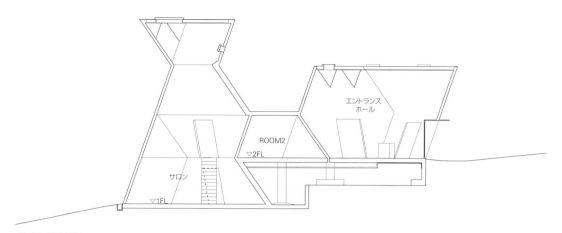

断面図　縮尺1/200

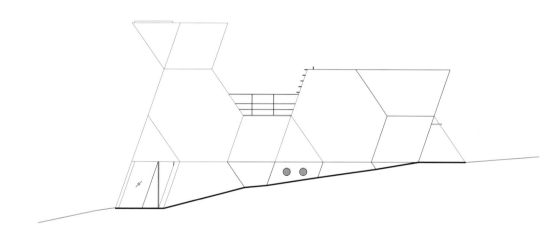

西立面図　縮尺1/200

配置図　縮尺1/1,500

大三島 憩の家｜愛媛県今治市｜2018（リニューアルオープン）
Omishima Ikoi-no-Ie

大三島憩の家（撮影：高橋マナミ）

左から「草壁しまなみトーク「夏の会」」2015年 ©高橋マナミ、2012年塾生による絵本「自分たちが大三島に暮らすとしたら」プレゼンテーション、2012年塾生合宿だて島民との意見交換会 ©高橋マナミ。

下4点。左より大三島の葡萄畑 ©宮畑周平、大三島参道マーケット ©高橋マナミ、大三島みんなの家 工事中、大三島憩の家 食堂 ©青木勝洋。

プロジェクトデータ

URBOT-001（アルミの家）　1971
所在地　神奈川県藤沢市
主要用途　住宅
設計期間　1970.9–1971.1
施工期間　1971.2–1971.5
構造　木造
規模　地上2階
敷地面積　379.18m²
建築面積　84.24m²
延床面積　110.16m²
設備設計　給排水・衛生：日本環境技研、電気：設備計画
施工　三五工務店

URBOT-002（無用カプセルの家）
主要用途　住宅

URBOT-003
（東京ヴァナキュラリズム）

弧の余白（新建築住宅設計競技）
1972
主要用途　住宅

中野本町の家　1976
所在地　東京都中野区
主要用途　住宅
設計期間　1975.9–1975.12
施工期間　1976.1–1976.5
構造　鉄筋コンクリート造
規模　地上1階
敷地面積　367.61m²
建築面積　150.97m²
延床面積　148.25m²
構造設計　田中実
設備設計　具塚正光
施工　明石建設

黒の回帰　1975
所在地　東京都世田谷区
主要用途　住宅
設計期間　1974.7–1974.11
施工期間　1974.11–1975.4
構造　木造
規模　地上2階
敷地面積　85.95m²
建築面積　42.53m²
延床面積　80.20m²
施工　橋爪工務店

PMTビル-名古屋　1978
所在地　愛知県名古屋市
主要用途　事務所
設計期間　1976.12–1977.8
施工期間　1977.9–1978.3
構造　鉄筋コンクリート造
規模　地上4階
敷地面積　726.88m²
建築面積　428.20m²
延床面積　920.92m²
構造設計　松井源吾＋O.R.S.事務所
設備設計　川口洋輔、山崎克己
施工　淺沼組名古屋支店

上和田の家　1976
所在地　愛知県岡崎市
主要用途　住宅
設計期間　1976.3–1976.7
施工期間　1976.8–1976.12
構造　鉄筋コンクリート造
規模　地上1階
敷地面積　197.98m²
建築面積　90.58m²
延床面積　90.58m²
構造設計　田中実
施工　サンモク工業

小金井の家　1979
所在地　東京都小金井市
主要用途　住宅
設計期間　1979.3–1979.6
施工期間　1979.7–1979.10
構造　鉄骨造
規模　地上2階
敷地面積　146.76m²
建築面積　50.02m²
延床面積　93.91m²
構造設計　田中実
設備設計　山崎設備設計事務所
施工　松木建設

笠間の家　1981
所在地　茨城県笠間市
主要用途　住宅
設計期間　1980.9–1981.5
施工期間　1981.7–1981.11
構造　木造枠組壁工法
規模　地上2階
敷地面積　865.48m²
建築面積　155.24m²
延床面積　289.91m²
施工　島田建設

シルバーハット　1984
所在地　東京都中野区
主要用途　住宅
設計期間　1982.10–1983.8
施工期間　1983.10–1984.7
構造　鉄筋コンクリート造＋鉄骨造
規模　地上2階
敷地面積　403.46m²
建築面積　119.99m²
延床面積　138.81m²
構造設計　松井源吾＋O.R.S.事務所
設備設計　山崎設備設計事務所
施工　バウ建設

東京遊牧少女の包　1985
所在地　西武百貨店渋谷店
設計期間　1985.9–1985.10
施工期間　1985.10
会期　1985.10.17–29
施工　イノウエインダストリーズ（家具）、新工芸（包ベッド）
設計協力　新井淳一（生地）、田中紀之（色彩）

レストランバー・ノマド　1986
所在地　東京都港区
主要用途　レストランバー
設計期間　1986.1–1986.3
施工期間　1986.4–1986.8
構造　鉄骨造
規模　地上3階
敷地面積　332.84m²
建築面積　271.00m²
延床面積　427.47m²
構造設計　松井源吾＋O.R.S.事務所
設備設計　川口設備研究所、山崎設備設計事務所
施工　鹿島建設

横浜風の塔　1986
所在地　神奈川県横浜市
主要用途　シンボルタワー
設計期間　1986.3–1986.7
施工期間　1986.7–1986.11
構造　鉄骨造
建築面積　43.45m²
構造設計　松井源吾＋O.R.S.事務所
照明計画　TLヤマギワ研究所
施工　大林組

八代市立博物館・未来の森ミュージアム　1991
所在地　熊本県八代市
主要用途　博物館
設計期間　1988.10–1989.7
施工期間　1989.11–1991.3
構造　鉄筋コンクリート造＋鉄骨造
規模　地上4階、地下1階
敷地面積　8,223.20m²
建築面積　1,432.88m²
延床面積　3,418.30m²
構造設計　木村俊彦構造設計事務所
設備設計　井上宇市設備研究所、大瀧設備事務所
外構　ナンシー・フィンレー＋伊東豊雄建築設計事務所
施工　竹中工務店・和久田建設・米本工務店JV

せんだいメディアテーク　2000
所在地　宮城県仙台市
主要用途　図書館、美術館、映画館
設計期間　1995.4–1997.8
施工期間　1997.12–2000.8

構造　鉄骨造＋鉄筋コンクリート造
規模　地下2階、地上7階
敷地面積　3,948.72m²
建築面積　2,933.12m²
延床面積　21,682.15m²
構造設計　佐々木睦朗構造計画研究所
設備設計　イーエスアソシエイツ、総合設備計画、大瀧設備事務所
施工　熊谷組・竹中工務店・安藤建設・橋本JV
照明　LPA

座・高円寺　2008
所在地　東京都杉並区
主要用途　劇場
設計期間　2005.6–2006.8
施工期間　2006.12–2008.11
構造　鉄骨造、鉄筋コンクリート造
規模　地下3階、地上3階
敷地面積　1,649.26m²
建築面積　1,107.86m²
延床面積　4,977.74m²
構造設計　佐々木睦朗建築計画研究所
設備設計　環境エンジニアリング
施工　大成建設
照明　LIGHTDESIGN
音響　永田音響設計

台中国家歌劇院　2016
所在地　台湾台中市
主要用途　劇場、ギャラリー、レストラン
設計期間　2005.9–2009.11
施工期間　2009.12–2016.9
構造　鉄筋コンクリート造
規模　地下2階、地上6階
敷地面積　57,020.46m²
建築面積　8,308.2m²
延床面積　51,152.19m²
共同設計　大矩聯合建築師事務所
構造設計　Arup、永峻工程
設備設計　竹中工務店、林伸環控設計、漢達電機技師事務所、禾杰消防設備師事務所、京秝機電技師事務所
劇場コンサルタント　本杉省三
施工　麗明營造
音響　永田音響設計、國立台灣科技大學
照明　岡安泉照明設計事務所
外構　老圃造園工程
National Taichung Theater is built by the Taichung City Government, Republic of China (Taiwan)

みんなの森　ぎふメディアコスモス　2015
所在地　岐阜県岐阜市
主要用途　図書館、市民活動交流

センター、展示ギャラリー
設計期間　2011.2–2012.3
施工期間　2013.7–2015.2
構造　鉄筋コンクリート造、鉄骨
造、木造（梁）
規模　地下1階、地上2階
敷地面積　14,848.34m²
建築面積　7,530.56m²
延床面積　15,444.23m²
構造設計　ARUP
設備設計　イーエスアソシエイツ、
大瀧設備事務所、
ランドスケープ　東京大学大学院
教授 石川幹子
施工　戸田・大日本・市川・雛屋
特定建設工事共同企業体
照明　LPA
音響　永田音響設計

東京-ベルリン／ベルリン-東京展
（ベルリン会場）　2006
所在地　新ナショナルギャラリー
（ドイツ、ベルリン）
施工期間　2006.5
会期　2006.6.6–2006.10.3
延床面積　1,349m²
施工者
PERI GmbH, Niederlassung Berlin

「伊東豊雄　曲水流思」 上海PSA
展覧会　2017
所在地　Power Station of Art（中
国、上海）
会期　2017.4.22–2017.7.23

薬師寺 食堂（内部計画）　2017
所在地　奈良県奈良市
主要用途　寺院
設計期間　2013.10–2015.3
施工期間　2015.4–2017.5
構造　鉄骨造
規模　地上１階
敷地面積　44,722m²
建築面積　1,037.37m²
延床面積　629.79m²
監修　鈴木嘉吉
食堂内絵画　田渕俊夫
復元基本設計／実施設計監修
文化財保存計画協会
内部基本設計／実施設計監修
伊東豊雄建築設計事務所
構造・設備設計／実施設計
竹中工務店
施工　竹中工務店
照明　LIGHTDESIGN

多摩美術大学図書館（八王子キャ
ンパス）　2007
所在地　東京都八王子市
主要用途　図書館

設計期間　2004.4–2005.10
施工期間　2005.11–2007.2
構造　鉄骨鉄筋コンクリート造、
一部鉄筋コンクリート造
規模　地下1階、地上2階
敷地面積　159,184.87m²
建築面積　2,224.59m²
延床面積　5,639.46m²
構造設計　佐々木睦朗構造計画研
究所、鹿島建設
設備設計　鹿島建設
施工　鹿島建設

台湾大学社会科学部棟　2013
所在地　台湾台北市
主要用途　教育施設（大学）
設計期間　2006.11–2009.10
施工期間　2010.2–2013.5
構造　鉄筋コンクリート造、一部
鉄骨造
規模　地下2階、地上8階
敷地面積　869,491m²
建築面積　6,776.89m²
延床面積　53,231.69m²
共同設計　宗邁建築師事務所、
A+B Design Group
構造設計　SAPS/Sasaki and
Partners、超偉工程
設備設計　竹中工務店、冠遠工程、
巽茂設計工程
施工　互助營造

バロック・インターナショナル
ミュージアム・プエブラ　2016
所在地　メキシコ、プエブラ
主要用途　博物館
設計期間　2012.8–2013.11
施工期間　2014.9–2016.2
構造　サンドイッチPC壁構造
規模　地上2階
敷地面積　50,000m²
建築面積　9,855m²
延床面積　18,149m²
構造設計　SAPS/Sasaki and
Partners、SC3
設備設計　AKF México
施工　Grupo Hermes

今治市伊東豊雄建築ミュージアム
2011
所在地　愛媛県今治市
主要用途　美術館
設計期間
スティールハット：
2008.7–2009.8
シルバーハット：
2009.4–2010.8
施工期間
スティールハット：
2010.8 – 2011.3

シルバーハット：
2010.9 – 2011.5
構造
スティールハット：
鉄骨造、一部鉄筋コンクリート造
シルバーハット：
鉄筋コンクリート造、一部鉄骨造
規模
スティールハット：地上2階
シルバーハット：地上2階
敷地面積　6,295.36㎡（全体）
建築面積
スティールハット：194.92m²
シルバーハット：168.32m²
延床面積
スティールハット：168.99m²
シルバーハット：188.32m²
構造設計
スティールハット：佐々木睦朗構
造計画研究所
シルバーハット：O.R.S.事務所
設備設計
イーエスアソシエイツ、大瀧設備
事務所
施工　大成建設

みんなの家
2011年の東日本大震災後、仮設住
宅における住民の憩いの場として伊
東たちが建設を進めた「みんなの家」
は、2017年までに16軒完成。
2016年の熊本地震に際してはくまも
とアートポリスのコミッショナーとして
「みんなの家のある仮設住宅」づくり
に取り組み、100軒近くが整備され
ている。
また街づくりの活動に取り組んでいる
愛媛県今治市の大三島では、元法務
局の建物を改修し、「大三島みんな
の家」をオープン。カフェ、ワインバル
として住民や観光客を迎えている。

仙台市宮城野区の「みんなの家」
所在地　宮城県仙台市
主要用途　集会所
設計期間　2011.6–2011.9
施工期間　2011.9–2011.10
構造　木造
規模　地上1階
敷地面積　16,094.55m²
建築面積　55.33m²
延床面積　38.88m²
構造設計　桃李舎
共同設計　桂英昭、末廣香織、
曽我部昌史
施工　熊谷組、熊田産業
外構　花と緑の力で3.11プロジェ
クトみやぎ委員会
※ 仮設住宅の解体に伴い、2017年4
月に仙台市内に移築された

釜石市商店街
「みんなの家・かだって」
所在地　岩手県釜石市
主要用途　事務所
設計期間　2011.12–2012.3
施工期間　2012.3–2012.6
構造　鉄骨造、一部木造
規模　地上1階
敷地面積　167.52m²
建築面積　73.27m²
延床面積　67.55m²
（テラス18.7m²含む）
構造設計　佐々木睦朗構造計画研
究所
共同設計　伊東建築塾
施工　熊谷組、堀間組

熊本のみんなの家〈規格型〈集会所
タイプ、談話室タイプ〉〉
【集会所タイプ】
所在地　熊本県内に28棟
主要用途　集会所
完成期間　2016.6–2017.2
構造　木造
規模　地上1階
建築面積　62.92m²
延床面積　59.62m²
共同設計　桂英昭、末廣香織、曽
我部昌史
施工　熊本県下の工務店各社
【談話室タイプ】
所在地　熊本県内に48棟
主要用途　集会所
完成期間　2016.6 – 2016.12
構造　木造
規模　地上1階
建築面積　49.02m²
延床面積　42.97m²
共同設計　桂英昭、末廣香織、
曽我部昌史
施工　熊本県下の工務店各社

大三島みんなの家
所在地　愛媛県今治市
主要用途　飲食・コミュニティ施
設（建築当初：法務局）
設計期間　2014.8–2016.2
施工期間　2014.9–2016.4
構造　木造
規模　地上2階
敷地面積　412.34m²
建築面積　163.24m²
延床面積　203.96m²
改修　伊東建築塾、三島電業社、
稲垣建材、神原俊治、神原匠
外構　山﨑誠子（日本大学短期大
学部 准教授）、伊東建築塾

著者略歴

伊東豊雄（いとう・とよお）
1941年生まれ。65年東京大学工学部建築学科卒業。65〜69年菊竹清訓建築設計事務所勤務。71年アーバンロボット設立。79年伊東豊雄建築設計事務所に改称。
主な作品に「シルバーハット」、「八代市立博物館」、「大館樹海ドーム」、「せんだいメディアテーク」、「TOD'S表参道ビル」、「多摩美術大学図書館（八王子キャンパス）」、「みんなの森 ぎふメディアコスモス」、「台中国家歌劇院」（台湾）など。現在、「新青森県総合運動公園陸上競技場」、「水戸市新市民会館」などが進行中。
日本建築学会賞（作品賞、大賞）、ヴェネチア・ビエンナーレ金獅子賞、王立英国建築家協会（RIBA）ロイヤルゴールドメダル、朝日賞、高松宮殿下記念世界文化賞、プリツカー建築賞、UIAゴールドメダル、文化功労者など受賞。
東日本大震災後、被災各地の復興活動に精力的に取り組んでおり、仮設住宅における住民の憩いの場として提案した「みんなの家」は、2017年7月までに16軒完成。2016年の熊本地震に際しては、くまもとアートポリスのコミッショナーとして「みんなの家のある仮設住宅」づくりを進め、各地に100棟近くが整備され、現在もつくられ続けている。
2011年に私塾「伊東建築塾」を設立。これからのまちや建築のあり方を考える場として様々な活動を行っている。また、自身のミュージアムが建つ愛媛県今治市の大三島においては、2012年より塾生有志や地域の人々とともに継続的なまちづくりの活動に取り組んでいる。

岡河貢（おかがわ・みつぐ）
1953年広島県生まれ。79年東京工業大学工学部建築学科卒業。81年同大学院修士課程修了。86年同大学院博士課程単位修了。1985〜86年パリ・パルク・デ・ラ・ヴィレット公園の設計チーム、バーナード・チュミ事務所に参加しフォリーL6を担当。1983〜98年設計事務所パラディサス、2013年〜パラディサスアーキテクツ主催。現在、広島大学大学院建築学専攻建築設計学准教授。工学博士。論文「ル・コルビュジエ全作品集における建築空間の情報伝達手法に関する研究」（東京工業大学）。
実現作品：「尾道の家」（1990年）イタリア／アンドレア・パラディオ賞、「ドミノ1994」（1994年）、「向島洋ランセンター展示棟」（1995年）、「向島プリズムパヴィリオン」（1998年）、「広島大学工学部コミュニケーションガレリア」（2001年）。2018年広島大学病院YHRPミュージアム竣工、現在広島大学東広島キャンパス「賑わいパヴィリオン」計画中。著書に現代建築の批判的分析である『建築設計学講義』（鹿島出版会／2017年）がある。
アンビルト作品である「フランス政府Plan Architecture Neveau賞プロジェクト」（1984年）、新建築設計競技「2001年の様式（1985年2等入賞）（審査委員槇文彦、原広司、アルド・ロッシ）」、新建築設計競技House with no style（1992年2等入賞）（審査委員レム・コールハース）、『東京計画2001』（宇野求・岡河貢 鹿島出版会）を通じて21世紀の建築の探求を続けている。
2015年から「瀬戸内海文明圏これからの建築と新たな地域性創造・研究会」幹事として顧問・伊東豊雄、特別顧問・総合資格岸隆司とともに21世紀の建築と地域のありようを探求している。

クレジット

写真
新建築社写真部：pp.36-37、p.73、p.87下

鈴木悠：pp.38-39、p.46

多木浩二：pp.58-63

羽田久嗣：p.71

山田修二：pp.74-75、p.79

田中宏明：p.76

大橋富夫：pp.88-91、pp.92-96、pp.100-101、pp.102-110、p.121、pp.122-125、p.127、pp.128-130、p.143、pp.150-155、p.159、pp.160-163、p.167、p.169、pp.236-241、p.245

藤塚光政：pp.112-113

中村絵：pp.180-182、p.189、pp.190-193、p.197、pp.214-215、pp.246-247、p.252、

Christian Gahl：pp.198-199、p.201

竹中工務店：pp.232-233

金子俊男：p.212、p.234

Luis Gordoa：pp.254-255

阿野太一：pp.262-267、pp.270-271

伊東豊雄建築設計事務所：p.43、p.87上、p.168、pp.178-179、pp.183-185、p.195、pp.202-209、pp.228-230、pp.248-249、pp.256-259

あとがき

伊東豊雄さんに顧問になっていただいている、「瀬戸内海文明圏これからの建築と新たな地域性創造・研究会」の第2回の福岡でのシンポジウムの打ち上げの会場で、この研究会の特別顧問の総合資格代表の岸隆司さんが伊東さんの本をつくりませんかと問いかけられました。ちょうど『建築設計学講義』という現代建築についての拙著のなかで、レム・コールハース、ベルナール・チュミ、坂本一成といった伊東豊雄と同世代の現代建築家の思考と方法に対する分析をした時に伊東豊雄については、現代建築の問題としていずれきちんとした分析をしなければならないと思っていたのですが、伊東豊雄はまだ未知の展開の可能性があるので分析を整理していなかったことを思い出しました。

この機会に伊東豊雄の現代建築における20世紀の建築の問題と21世紀の建築の展開の可能性を考えてみることにしました。そのために伊東豊雄の言説をデビューから、近年まで私なりに整理するという作業が不可欠になりましたので、この本は伊東豊雄との共著になりました。この本の目的は何より建築の21世紀性というものが伊東豊雄の建築の展開のプロセスを通して見え始めたことだと思います。それはアジアからこれからの建築を生み出そうということです。本書をつくるにあたりこの本のきっかけを与えていただき、さらに本を出版いただいた（株）総合資格代表岸隆司さん、本の編集に協力していただいた建築編集者の寺松康裕さん、本のデザインに協力していただいたピクルスデザインの安藤聡さん、本書の写真・図版の手配をしていただいた伊東豊雄建築設計事務所の木下栄理子さん、大連の伊東豊雄建築講演会にご尽力いただいた総合資格の水野高寿さんに心より感謝いたします。また本書の図版の作成をしていただいた広島大学大学院建築学専攻建築設計学、岡河貢研究室の大学院生の協力に感謝いたします。本書がこれからの建築を切り開くために少しでも有意義なものとなれば幸いです。

岡河貢

街をつくる人を育てる

Produce people Producing town

日本で最も多くの1級建築士を輩出し続けている学校です。

We are the school which continuing to produce
the largest first-class architectures in Japan.

総合資格学院

※平成29年度 1級建築士製図試験における全国合格者占有率63.7%（全国合格者3,365名中、当学院当年度受講生2,145名）。全国合格者数は、（公財）建築技術教育普及センターの発表による。総合資格学院の合格実績には、模擬試験のみの受験生、教材購入者、無料の役務提供者、過去受講生は一切含まれておりません。

東京都新宿区西新宿1-26-2　新宿野村ビル22F
22F SHINJUKU NOMURA BLDG.1-26-2,
Nishishinjuku,Shinjuku-ku,Tokyo

School web site : http://www.shikaku.co.jp/
Corporate web site : http://www.sogoshikaku.co.jp/

sogoshikaku　検索

みんなこれからの建築をつくろう

発行日　　2019年1月15日
著者　　　伊東豊雄、岡河貢
発行人　　岸隆司
発行所　　株式会社総合資格
　　　　　〒163-0557
　　　　　東京都新宿区西新宿1-26-2 新宿野村ビル22F
　　　　　電話：03-3340-6714（出版局）
　　　　　URL:http://www.shikaku-books.jp

編集：寺松康裕（建築編集研究所）
編集協力：株式会社総合資格 出版局
デザイン・制作：安藤聡（ピクルスデザイン）
印刷・製本：図書印刷株式会社

落丁・乱丁本はお取替え致します。
本書の無断複製（コピー・スキャン・デジタル化）は著作権法上での例外
を除き禁じられています。
定価はカバーに表示してあります。

© Toyo Ito & Mitsugu Okagawa, 2019
Printed in Japan
ISBN978-4-86417-301-8